Den Frauen und Männern meiner Familie.

Allem, das uns heilig ist.

Protestantische Passion. Zum 500. Jahr der Reformation verfasste Denkschrift über den Heiligen Geist sowie Libretto für ein Gemeinde-Oratorium, das die Geisteswelt und die opferreiche Geschichte des Protestantismus behandelt. Entstanden 2014-2017.

Kerygma. Die Denkschrift bewegt sich von der traditionellen Theologie zum freikirchlichen Spiritualismus und stellt den Heiligen Geist in einen neuzeitlichen Zusammenhang von Neuem Testament, protestantischer Glaubensfreiheit und Aufklärung. Damit stellt die Abhandlung aus charismatischer Sicht Fragen zum Stellenwert der Pneumatologie in der katholischen und evangelischen Amtskirche.

Solus Spiritus. Am historischen Vorbild (Passionsoratorium) orientiertes Oratorien-Libretto zur Aufführung für die Gemeinde. Es zeigt den Protestantismus in seinem religiösen und politischen Streben nach Freiheit, eingebettet in den geschichtlichen Beginn des Humanismus im Deutschen Reich. Als Passion nimmt der Text Bezug auf den Leidensweg von Gläubigen in der Nachfolge Christi. Seine Prämisse bildet der Gedanke „Der euch gegeben hat den freien Geist, der macht euch auch im Glauben frei". Die Teile der Passion sind nach symbolischen Formen christlicher Kultur gestaltet: Messliturgie, protestantisches Schuldrama, theologischer Disput, Totentanz als geistliches Spiel, charismatischer Gospel. Die Arien, Rezitative und Choräle verwenden Bibelstellen und reformatorische Schriften, Kirchen- und Volkslieder der frühen Neuzeit, verbunden und eingefasst von neuen Übersetzungen und eigens verfassten liturgischen und lyrischen Texten. Die weitgehende Verwendung bekannter Melodien erleichtert die musikalische Aufführung.

Boris Preckwitz. Zahlreiche Bücher mit Prosa, Lyrik, Drama. Studium der Germanistik, Politik, Philosophie in Göttingen, Hamburg und London sowie Management in Berlin und Cambridge. Für seine Veröffentlichungen wurde er unter anderem ausgezeichnet mit dem Alfred-Döblin-Stipendium, dem Arbeitsstipendium des Berliner Senats sowie Stadtschreiber-Stipendien in Otterndorf und Dresden.

Protestantische
Passion

KERYGMA
Über den Heiligen Geist

SOLUS SPIRITUS
Oratorium zu Pfingsten

Boris Preckwitz

Bibliografische Information der Deutschen Nationalbibliothek:
Die Deutsche Nationalbibliothek verzeichnet diese Publikation
in der Deutschen Nationalbibliografie; detaillierte bibliografische
Daten sind im Internet über dnb.d-nb.de abrufbar.

Protestantische Passion, Boris Preckwitz

TWENTYSIX – der Self-Publishing Verlag
Eine Kooperation zwischen der Verlagsgruppe Random House GmbH
und der Books on Demand GmbH

© 2017 Boris Preckwitz

Herstellung und Verlag:
BoD – Books on Demand, Norderstedt
ISBN: 978-3-7407-2786-4

Motiv für Titelbild: St. Nikolaus, Klosterkirche Bursfelde

Inhalt

KERYGMA

Über den Heiligen Geist

„Der Herr aber ist der Geist,
und wo der Geist des Herrn wirkt,
da ist Freiheit"
2. Kor 3, 17

Versetzen wir uns doch im Geist an die See. Wir sehen vor uns die herrliche Weite des Meeres. Und unversehens… beginnt die Seele zu atmen. Das Lächeln in den Gesichtern wird so breit wie der Horizont. Ein grenzenloses Freiheitsgefühl stellt sich ein. So werden sich Jesus und die Jünger seinerzeit gefühlt haben, als sie die Umgebung der Hafenstädte Tyrus und Sidon durchzogen und bei der Gelegenheit, das wollen wir annehmen, das Mittelmeer erblickten. Wie beschrieb doch gleich die Torah den Anfang der Schöpfung: *„der Geist Gottes schwebte auf dem Wasser".* Hier lag es vor Augen, das Geheimnis des göttlichen Geistes und seiner Weltwerdung.

Und welche Begeisterung dürfte der Anblick des Meeres erst bei Binnenfischern wie den Brüdern Simon und Andreas ausgelöst haben, die in den Evangelien als recht handfeste Fahrensmänner beschrieben werden. Zwischen den Zeilen hört man sie miteinander flachsen: *Mensch, hätten wir bloß die Netze dabei! Was denn, du hast sie nicht eingepackt?* Für einige der späteren Apostel wurde die Meeresreise Wirklichkeit. Petrus gelangte auf dem Schiffsweg nach Rom. Andreas, so schreiben die Kirchenväter, soll rund um das Schwarze Meer und Jakobus auf der iberischen Halbinsel gewirkt haben. In östlicher Richtung missionierte der Apostel Thomas, der bis zum Indischen Ozean gelangte.

Die Evangelisten Matthäus und Markus berichten von einem irritierenden Ereignis bei jener Wanderung nach Syro-Phönizien. Eine einheimische Frau, Markus spricht sogar von einer Griechin, hatte Jesus um die Heilung ihrer psychisch kranken Tochter gebeten und war grob abgewiesen worden, obwohl selbst die Jünger – wenn auch eher halbherzig – ein Wort für sie eingelegt hatten. Erst nach unterwürfigem Flehen der Frau war Jesus ihrem verzweifelten Wunsch nachgekommen. Seine Begründung für die Zögerlichkeit: sein Wirken gelte dem Volk Israel. Wie passt diese Haltung mit seinem späteren Missionsauftrag an die Jünger zusammen, zu den Völkern der Welt zu gehen? Es wirkt, als ob Jesus seine Lehre in dieser Anfangszeit seines Wirkens noch nicht bis ins letzte Wort ausgearbeitet hatte. In der Dramaturgie der Evangelienhandlung erkennen wir, dass die Jesulehre immer erst anlassbezogen und unter dem Einfluss des Heiligen Geistes zu jenem entscheidenden Sendungsauftrag fortschreitet.

Hierzu eine zweite Beobachtung: Folgt man den Evangelien und der Apostelgeschichte, ist es nicht Jesus Christus selbst, der den Heiligen Geist in Form einer Geistestaufe an seine Jünger weitergibt. Obwohl er die Spendung zweifellos hätte vornehmen können, verheißt er seinen Jüngern lediglich das nahe Kommen des Geistes. Die Spendung des Heiligen Geistes selbst geschieht nach göttlichem Willen erst, als die Jesusgemeinde, nunmehr auf sich allein gestellt, sich zusammengerauft hat und anlässlich des Pfingstfestes so viele auswärtige Besucher in Jerusalem versammelt sind, dass das erste Missionsauftreten auch unmittelbar eine Grenzen überschreitende Wirkung entfalten kann.

Und es ist bei dieser Gelegenheit die erste große Predigt des Petrus, die sich wie ein Hohelied auf den Heiligen Geist anhört. Es ist die argumentative Linie einer Pneumato-Christologie, wie sie wenige Jahre später auch Paulus beseelen wird, ihn, diesen umtriebigen und beinahe allgegenwärtigen Missionar entlang der Schiffsrouten des östlichen Mittelmeeres.

Paulus ging diesen Weg wegen seiner Herkunft aus der jüdischen Diaspora im hellenisch-römischen Kleinasien mit großer Selbstverständlichkeit. Im Gegensatz zu den anderen Aposteln beruhte seine persönliche Erfahrung mit Jesus nicht auf einer ursprünglichen Jüngerschaft, sondern in einer blitzartigen, sein ganzes Bewusstsein verändernden Vision auf der Straße nach Damaskus – also in einem geistigen Erlebnis durch die Ansprache des Heilands. Für Paulus steht fest, dass Jesus als Geistträger den Gläubigen die Möglichkeiten zu einem Leben in Gott gegeben hat. Durch den Empfang des Heiligen Geistes kann der Gläubige nicht nur zur Erkenntnis Gottes gelangen, sondern ist auch befähigt, von den erkannten Wahrheiten der Welt Zeugnis zu geben (1. Kor 2, 10 ff): *„Was kein Auge gesehen, kein Ohr gehört hat und in keines Menschen Herz gekommen ist, dasselbige hat Gott denen bereitet, die ihn lieben. Aber uns hat Gott offenbart durch seinen Geist. Denn der Geist erforscht alle Dinge, ja auch die Tiefe der Gottheit. Wir aber haben empfangen den Geist aus Gott, dass wir wissen können, was uns von Gott gegeben ist, welches wir auch reden nicht mit Worten, welche menschliche Weisheit lehren kann, sondern mit Worten, die der heilige Geist lehrt.“* Sein klares Bekenntnis zu Christus stützt sich auf den Heiligen Geist und Gott (1. Kor 12, 3-6): *„Niemand kann Jesus den Herrn nennen außer durch den Heiligen Geist. Es sind verschiedene Gaben; aber es ist ein Geist. Und es sind verschiedene Ämter; aber es ist ein Herr. Und es sind verschiedene Kräfte; aber es ist ein Gott, der da wirkt alles in allen.“* Diese Stelle spricht für einen pneumatologischen Kern der Pauluslehre, die er sowohl christologisch am Heiland festmacht als auch ekklesiologisch auf die Gemeinde überträgt. Diese Glaubenslehre des Heiligen Geistes reflektiert die erlangte Freiheit in einem Maße, wie sie bei Jesus selbst angelegt ist.

Im zeitlichen Anschluss an Paulus entsteht die Apostelgeschichte des Lukas. Was bei Paulus eher in theosophisch-argumentativem Stil entwickelt wird, beschreibt sein langjähriger Reisebegleiter Lukas narrativ-charismatisch und macht in seiner Geschichtsschreibung des jungen Christentums den Heiligen Geist allgegenwärtig für die Entstehung der Gemeinden – angefangen vom Pfingstereignis bis zur letzten Predigt des Paulus vor jüdischen Gemeindevertretern in Rom, in der Paulus den Heiligen Geist und sein Wirken in den Propheten zum Zeugen für den Glauben an Christus aufruft.

Ganz und gar durchdrungen von einer wunderbaren Geist-Mystik sind auch die jüngsten Texte des Neuen Testamentes, das Evangelium und die Offenbarung des Apostels Johannes. *„Am Anfang war das Wort, und das Wort war bei Gott und Gott war das Wort"* – mit dieser phantastischen Zeile lässt Johannes sein Evangelium beginnen. Nicht nur verweist er mit diesem Satz auf den zu Beginn der Genesis über den Elementen schwebenden Gottesgeist und schließt gewissermaßen den Kreis zwischen der ersten Erschaffung der Welt und der Erwartung eines neuen Himmels und einer neuen Erde – er erschafft auch eine begriffliche Verbindung zum *Logos* der griechischen Weisheitsliebe.

Und wie lässt Johannes zum Ende der Offenbarung noch einmal Jesus zu Wort kommen? Mit einer geheimnisvollen Einladung zur mystischen Vereinigung im Geist: *„Und der Geist und die Braut sprechen: Komm! Und wer es hört, der spreche: Komm! Und wen dürstet, der komme; und wer da will, der nehme das Wasser des Lebens umsonst."* Auf die Bedeutung der besonderen Wasser-und-Geist-Symbolik bei Johannes wird in einem späteren Absatz noch zu sprechen sein. Sie ist gerade für den Beginn der Lehrtätigkeit Christi kennzeichnend, aber sie ist bereits im Urbild der Schöpfung, dem Schweben Gottes über den Wassern, beschrieben.

Umso tragischer ist es, dass der Heilige Geist in der weiteren Entwicklung des antiken Christentums aus dem Bewusstsein der Theologie zurücktrat. Was wurde nicht alles Bibliotheken füllend an Teildisziplinen entwickelt! Dogmatik, Christologie, Ekklesiologie, Liturgik, Patristik, Patrologie, Apologetik, Soteriologie, Eschatologie, Doxologie, Exegetik, Homiletik, Poimenik, Mariologie, Katechetik, Diakonik, Öikodomik – aber die Pneumatologie, die Lehre vom Heiligen Geist? Immer wieder wird in anderen Lehrbereichen auf ihn verwiesen. Wenn sich allerdings erweist, dass so viele Teildisziplinen immer an entscheidender Stelle auf den Heiligen Geist verweisen, macht es da Sinn, die Pneumatologie als Anhängsel zu behandeln? Wäre es nicht sinnvoller, die anderen Teildisziplinen als Ableitungen der Heiliggeist-Lehre zu verstehen? Oder braucht es überhaupt eine dogmatische Pneumatologie... spricht nicht der Geist für sich, wann und wie er es für richtig hält? Dies könnte bedeuten, dass viele Theoreme, die sich nicht mit Bezug auf den Heiligen Geist begründen lassen, auch in der Theologie keine überzogene Aufmerksamkeit genießen sollten.

Die Ostkirchen des Christentums pflegen seit je eine besondere Geistmystik. Im Vergleich dazu hat die Kirche des Westens in ihrer Dogmatik und Liturgie mit dem Heiligen Geist eher gefremdelt. Und das, obwohl er immer wieder Kirchenväter in seinen Bann zog, die in ihm Offenbarungen erlebten: Athanasius, Cyril von Jerusalem, Ambrosius, Johannes Chrysostomos, Gregor von Nazianz, Augustinus von Hippo und ganz besonders Basilius von Caesarea. Oder das Hochmittelalter: wie ergreifend klingen das Bekenntnis des Oströmischen Kaisers Michael VIII. Palaiologos, die tief beseelten Hymnen der Hildegard von Bingen oder die Geisttheologie des Joachim von Fiore, der das Zeitalter des Heiligen Geistes und seiner *intelligentia spiritualis* verkündete.

Der Heilige Geist, gewissermaßen der Stein, den die Bauleute des Petersdoms verwarfen, wurde erst mit der Reformation und dem Protestantismus zum Eckstein eines erneuerten Glaubensgebäudes.

Mit John Wyclif und Jan Hus beginnend, beschäftigt ein neues Geistwirken die Volksgläubigkeit: Andreas Karlstadt in Wittenberg, Thomas Müntzer in Mühlhausen, die Zwickauer Charismatiker, die Täufer, die böhmisch-mährischen Brüder. Auch Fiores endzeitliche Heilsvorstellung klingt in der Apokalyptik einiger Gruppen auf. Während der pneumatologische Aufbruch in Wittenberg wieder zurückgenommen wird, entsteht zeitgleich eine zweite Kraftwirkung des Geistes, ausgehend vom reformiert-eidgenössischen Raum, sie beginnt bei Huldrych Zwingli als neue Bundestheologie, wird aufgenommen von Heinrich Bullinger und Martin Bucer, und führt mit der Lehrwirkung Johann Calvins bis in die niederländischen, britannischen und schließlich amerikanischen Lande, wo Puritaner Quäker, Baptisten und Methodisten mit den dorthin ausgewanderten Restgemeinden der radikalen Reformation zusammen finden.

Ihnen allen gemeinsam ist eine Aufwertung des Heiligen Geistes, der als eigentliche Sprache aus der Buchstabenhaftigkeit von Bibeltexten spricht und die Schrift zum Leben bringt. Und es könnte keine bessere Legitimation dafür geben als der Satz von Jesus Christus (Joh 6, 63): *„Der Geist ist es, der lebendig macht; das Fleisch ist nichts nütze. Die Worte, die ich rede sind Geist und Leben"* – oder das Pauluswort aus dem zweiten Brief an die Korinther (2. Kor 3,6): *„Denn der Buchstabe tötet, der Geist aber macht lebendig."* Sind doch Wort und Schrift, bevor sie überhaupt als Medien Glauben bewirken und bestärken können, zunächst aus dem Geist gewirkt.

Es ist das besondere Verdienst des Züricher Reformators Zwingli, die Bedeutung des Geistes für den Glauben, die Gemeinde und die Gesellschaft wieder in die Mitte gestellt zu haben. So folgert der

Zwingli-Forscher Fritz Schmidt-Clausing (In: *Zwingli,* Berlin 1965):
„Der theologische Ort Zwinglis ist seine Auffassung vom Wirken des Heiligen Geistes, seine Lehre vom göttlichen Pneuma (pneuma = Wind, Hauch, Geist), seine Pneumatologie. Der Heilige Geist ist für Zwinglis reformatorische Theologie Vorzeichen und Schlüssel zugleich. Vom Gottesbegriff über die Menschwerdung bis zur Abendmahlsauffassung, für die Prädestination ebenso wie für die Lenkung des Staates ist ihm der Paraklet als die dritte Seinsweise (essentia) der Gottheit das eigentlich wirksame Prinzip." Er unterstreicht Zwinglis pneumatologische Ausrichtung besonders im Bereich der Christologie und Ekklesiologie. In der Tat ist es ja Christus selbst, der seine Jüngergemeinde eingestellt hat auf den Empfang und das Wirken des Heiligen Geistes.

Die beiden großen reformiert geprägten Kirchenlehrer des 19. und 20. Jahrhunderts, Friedrich Schleiermacher und Karl Barth, haben in dieser Tradition weitergedacht. Der Vergleich zwischen beiden fällt gleichwohl zu Gunsten des Ersteren, zum Vorteil Schleiermachers aus: Erst in seinem letzten Lebensjahr stellte sich Karl Barth in seinem Nachwort zu einer Sammlung von Texten Friedrich Schleiermachers die Frage nach der *„Möglichkeit einer Theologie des 3. Artikels, beherrschend und entscheidend also des Heiligen Geistes."* Kam Barth etwas zeitlebens Verdrängtes ins Bewusstsein? Tatsächlich kann man den Eindruck gewinnen, Barth hätte sich nur deshalb um die Bedeutung des Heiligen Geistes und die entsprechende Schleiermacher-Rezeption herumgedrückt, weil damit Barths eigene, christologisch ausgerichtete Dogmatik zusammengebrochen wäre. Wo Schleiermacher begrifflich zur Werke geht, wird Barth metaphorisch und redundant. Wo Schleiermacher sich der Herausforderung der Aufklärung stellt, wo er das eigene theologische Denken am Idealismus eines Kant, Fichte, Schelling und Hegel misst, fällt Barth wieder hinter die Aufklärung zurück. Wenn Schleiermacher in seiner *Glaubenslehre* den Heiligen Geist definiert als *„die Vereinigung des göttlichen Wesens mit der menschlichen Natur in der Form des das Gesammtleben der Gläubigen beseelenden Gemeingeistes"*, räumt er der Pneumatologie die initiale Bedeutung vor Christologie und Ekklesiologie ein. In Schleiermachers Ausführungen zu einer Geistlehre ist die Zusammenführung von Gottesgeist und Menschengeist immer mitgedacht. Tatsächlich bringt er den pneumatologischen Ansatz Calvins mit der Philosophie des deutschen Idealismus zusammen.

Aufgrund ihrer Orientierung an Luther hat sich die Evangelische Kirche mit einem charismatischen Verständnis des Heiligen Geistes schwerer getan. Insgesamt muss man im Rückblick sagen, dass Luthers Haltung, seine Ablehnung der Reformierten wie auch seine Verfemung von Spiritualisten oder Täufern, wenig glücklich war. Seine drei Befreiungsschriften des Jahres 1520 – *An den christlichen Adel deutscher Nation, Von der babylonischen Gefangenschaft der Kirche, Von der Freiheit des Christenmenschen* – fordern zwar eine Freiheit zu neuen Inhalten des Glaubens, aber erlauben keine allzu große Freiheit von den alten Strukturen der gesellschaftlichen und kirchlichen Herrschaftsverhältnisse. Der freie Geist wird wieder in der Schrift eingefangen, die Freiheit des Christenmenschen wird zurückgenommen, nachdem sie sich in sozialen und politischen Forderungen der Bauern artikuliert, und die Zwei-Reiche-Lehre festigt den Machterhalt von Adel und neuen Landeskirchen im Zuge der Fürstenreformation und des landesherrlichen Kirchenregiments. Luthers Prinzip des *sola gratia* in seiner Rechtfertigungslehre, sein Hinweis auf die Bedeutung der göttlichen Gnade ist richtig. Ginge es ihm aber darum, die Reformation des christlichen Glaubens von einer einzigen Bibelstelle (Röm 11,6) her begründen zu wollen, wäre dies reichlich gewagt. Und worin – so ist weiterhin kritisch gegen Luther zu fragen – besteht die eigentliche Gnade Gottes am Menschen? In erster Linie im Empfang des Heiligen Geistes, mit dem sich der Menschengeist auf den göttlichen Geist einschwingen kann. Und so fehlt unter den vier *solae* Luthers wohl das wichtigste: ein Solus Spiritus!

Warum leeren sich seit dem 19. Jahrhundert die evangelischen und katholischen Kirchen in Deutschland? Immer wieder sträubten sich die Amtskirchen gegen Erweckungsbewegungen ihrer Gläubigen. Die Katholische Kirche stellte sich zwar der Herausforderung des Pentekostalismus im Zweiten Vatikanischen Konzil – doch saß der Heilige Geist am Ende als sozusagen dienstbarer Geist der Kirche wieder auf der zweiten Bank, übrigens ganz im Sinne der Enzyklika *Divinum illus munus* von Papst Leo XIII. Hat man es trotz des Bemängelns der „Geistvergessenheit" vor einigen Jahrzehnten dennoch versäumt, daraus die richtigen Lehren zu ziehen? Kann es sein, dass sich für das Glaubensleben im 21. Jahrhundert die spiritualistischen Ansätze von Andreas Karlstadt oder Kaspar Schwenkfeld als die geeigneteren erweisen?

In anderen Weltgegenden nehmen derzeit besonders geistfreudige Denominationen und Gemeinden einen gewaltigen Aufschwung: die Freikirchen, die Pfingstgemeinden und die charismatischen Bewegungen. An ihnen hat sich offenbar erfüllt, was Jesus dem Schriftgelehrten Nikodemos zu bedenken gab (Joh. 3,8): *„Der Wind weht, wo er will. Du hörst zwar sein Rauschen, aber woher er kommt und wohin er geht, weißt du nicht. So ist es bei jedem, der aus dem Geist geboren ist."* Das Rauschen des Geistes hat man in deutschen Amtskirchen schon lange nicht mehr gehört. Es scheint, als sei der Heilige Geist ausgezogen aus den Staats- und Landeskirchen des alten Europas und aufgebrochen zu neuen Horizonten.

Die Apostelgeschichte berichtet, dass Paulus zwei Jahre lang jeden Tag in der Philosophenschule des Tyrannus in Ephesus lehrte. Dass er sich dabei selbst in Philosophie und Rhetorik schulte und die seit Platon bekannte Form des Briefes als Medium kultivierte, ist sehr wahrscheinlich. Versetzen wir uns einmal in eine solche Disputation an der *scholé*. Gerade ist Heraklits Satz *Alles fließt* besprochen worden: „Woher kommt all das Wasser im Meer?" fragt ein junger Sophist. „Nun", grübelt der zweite, „es kommt als Tau oder Regen aus der Luft". „Also aus der Luft und aus den Flüssen", meint ein dritter. Der vierte schüttelt den Kopf. „Ich denke, es kommt nicht aus der Luft *und* den Flüssen, sondern aus der Luft *durch* die Flüsse." Aber hat letztere Spitzfindigkeit überhaupt einen Sinn ergeben? Wenn überhaupt, so denken wir heute, sind die Wassermoleküle wohl eher aus den Weiten des Weltalls auf die Erde gelangt. Vor jener halben Ewigkeit, zu einer Zeit, die man auch gerne als den zweiten Schöpfungstag bezeichnet – *„und"* oder *„durch"* – eine überflüssige Wortklauberei!

Wegen solcher Begriffsspaltereien und daraus folgender Dispute haben sich im frühen Mittelalter Ostkirche und Westkirche getrennt. In ihrem Klerikerstreit ging es darum, wie denn im Text des Glaubensbekenntnisses die Gegenwart und Wirksamkeit des Heiligen Geistes beschrieben werden soll – ob der Geist von Gott *und* dem Gottessohn käme oder von Gott *durch* den Gottessohn. Ich kann nicht für den Heiligen Geist sprechen, aber ich vermute, dass ihm der künstlich vom Zaun des Glaubens gebrochene *filioque*-Streit herzlich egal war. Mit einem sprachphilosophischen Ansatz lässt sich das Problem leicht entschärfen. Rein sprachlich gesehen entsteht es im Grunde durch die bedeutungsumfänglich unscharfe Verwendung von Präpositionen – verstärkt durch Übersetzungs-spielräume im Griechischen und Lateinischen. Zum Teil ist der Streit also ein metaphysisches Scheinproblem, das sich aus der Unschärfe relationaler Ausdrücke ergibt. Kirchenpolitisch gesehen entstand er aus dem Konflikt zwischen orthodox-byzantinischer Kirche des Ostens und römisch-karolingischer Kirche des Westens. Maßgeblich für die Unsinnigkeit des Streits ist aber das Folgende: Weder für das Geistwirken noch für die Lebenspraxis der Christen war mit den Streit ein relevanter Erkenntnisfortschritt verbunden. Von ähnlicher Art war auch die Jesus betreffende alt-kirchliche Auseinandersetzung um die Zwei-Naturen-Lehre. Auch sie hatte nur unnötige Friktionen geschaffen, allein weil der Begriff *Natur* verschiedene Auslegungen ermöglichte.

Diese Dispute wären durchaus als ein Nachhall jener semantischen Scheinprobleme einzuordnen, wie sie die Sophisten der griechischen Philosophie so sehr schätzten. In der Blütezeit der Spätantike stehen sich ja zwei Geisteswelten gegenüber – ein theosophisches Denken wie in den Religionen des Orients und ein philosophisches Denken, das so klug bei den Vorsokratikern beginnt und zu den Platonikern, Aristotelikern und Stoikern und ihren Philosophenschulen hinführt. Von beiden Geisteswelten hat sich das Christentum in seinen ersten Jahrhunderten inspirieren lassen. Der Theologe Adolf von Harnack bezeichnete diesen Prozess als *Hellenisierung* des Christentums. Je mehr Begrifflichkeiten die Theologie als Zierrat in ihren Tempel einbaute, desto mehr Keile trieb sie in die Christenheit.

Um uns dem biblischen Verständnis des Heiligen Geistes anzunähern, müssen wir etwas in die Religionsgeschichte zurückschauen. Dabei sollten wir uns bewusst sein, dass die Entstehung des Monotheismus ein Prozess nachträglicher Verschriftlichung von Ideen ist, Ergebnis einer vielhundertjährigen Überlieferung, Interpretation, Selektion und Interpolation von mündlichen Texten und Schriftstücken. Wie man heute leider feststellen muss, ist diese Erkenntnis des rationalistischen Philosophen Baruch de Spinoza selbst drei Jahrhunderte nach Erscheinen seines *Tractatus theologico-politicus* noch nicht bei allen monotheistischen Religionen angekommen.

Der Monotheismus beginnt mit der Religion des israelitischen Stammesverbandes, deren Lehre ich einmal als *Jahweismus* bezeichnen möchte, weil mir dieser Begriff theologisch passender erscheint und weniger ethnologisch definiert als der zugegeben allgemein verwendete Begriff *Judentum.* Der Jahweismus, den die levitische Priesterkaste der Israeliten über Jahrhunderte entwickelte, entstand ursprünglich aus einem Polytheismus mit Haupt- und Nebengöttern, wie er in den Kulturen des fruchtbaren Halbmondes verbreitet war. Ihre Zuspitzung erfuhr die Glaubenslehre immer in Krisenzeiten, in denen der Existenzanspruch der hierokratischen Priesterkaste mit der Überlebensfrage des Volkes zusammenfiel. In dem Zeitraum von etwa 700 v. Chr. bis 100 n. Chr. gerieten die Königreiche Israel und Juda jeweils in den Machtbereich aufeinander folgender Großreiche mit entsprechender militärischer Überlegenheit und kultureller Dynamik: auf die Assyrer folgten die Babylonier, nach diesen kamen die Perser, es schlossen sich die Diadochenreiche der hellenischen Griechen an und schließlich das Römische Reich. Und immer wieder in diesen Jahrhunderten war die Existenz der Israeliten bedroht von Eroberungen, Plünderungen, Exilierungen und gescheiterten Revolten.

Angesichts einer solchen Abfolge von Vertreibungen erschien die alte, aus mosaischer Zeit stammende Verheißung für das gelobte Land des Gottesvolkes weniger als zutreffende Prophezeiung, sondern eher als frommer Wunsch, der alle paar Generationen an der Wirklichkeit zerbrach. Die Priesterschaft hatte dem Volk also einen ernsthaften und massiven faktischen Widerspruch zu erklären. Nicht ungeschickt gab sie den Rechtfertigungsdruck natürlich an die

20

Gläubigen zurück. *Habt ihr nicht mit frevlerischen Götzendiensten Gottes Zorn auf uns gelenkt?* Gerade die prophetischen Schriften zeigen ein virtuoses Pendeln zwischen Klage und Selbstanklage, Erwähltheitssehnsucht und vernichtendem Bannfluch, der je nach Gottgefälligkeit mal das eigene Volk, mal die Nachbarvölker mit voller Härte treffen konnte und sollte.

Verstärkt wurde der Druck auf die jahweistische Priesterkaste auch dadurch, dass die Erobererstaaten eine militärische, ökonomische oder religiös-kulturelle Dynamik mitbrachten, die auf die Eroberten durchaus faszinierend wirkte. Die orgiastische Vielgötterei der Phönizier und Babylonier ebenso wie die Verwaltungseffizienz der Perser, das apollinische Philosophieren und die dionysische Bilderwelt der Hellenen oder das militärstaatliche Gottkaisertum der Römer. Welcher weltoffene und geistig bewegliche Mensch würde da nicht im Glauben etwas schwach werden? Nicht nur die multiethnischen Provinzen Galiläa und Samaria, auch die Diasporagemeinden standen in Jerusalem unter dem Verdacht, sich den Fremdeinflüssen zu öffnen, und fielen unter das Verdikt, sich nicht treu an den Jahweglauben zu halten.

Im Verlaufe dieser Staatskrisen gelangten die Schriftgelehrten zu einer Fixierung des Jahweismus als einer schriftliche Buchreligion. Der Prozess von Textbearbeitungen begann, als sich ein Großteil der israelitischen Adels- und Priesterelite im babylonischen Exil befand. Sie nahm ihren Fortgang nach der Rückkehr und dem Wiederaufbau Jerusalems und des Tempels. In diesem geschichtlichen Moment kam es erstmals zu jenen Ausformulierungen des Gottesgeistwirkens, die mit ihren eschatologischen Implikationen auch für das spätere Christentum prägend wurden. Eine erstes Beispiel findet sich in den Jesaja-Büchern, an denen vermutlich drei Verfasser während des Zeitraumes 740-515 v. Chr. mitgewirkt haben. Sie arbeiten die

Eroberung der Königreiche Israel und Juda durch Assyrer, Babylonier und Perser zeithistorisch und theologisch auf (insbesondere in den Kapitelteilen des Deuterojesaja und Tritojesaja). Und vermutlich ist die Schlussredaktion von den Schülern der Verfasser auch noch nach der Rückkehr aus dem babylonischen Exil fortgesetzt worden.

So lesen wir in Jesaja 11,2 von der messianischen Hoffnung und Heilserwartung auf einen geistgesalbten Erlöser: *„Und auf ihm wird ruhen der Geist des Herrn, der Geist der Weisheit und des Verstandes, der Geist des Rates und der Kraft, der Geist der Erkenntnis und der Furcht des Herrn."* Es kann kein Zufall sein, dass diese Beschreibung eines mit abstrakten geistigen Eigenschaften versehenen Allein-Gottes, starke Parallelen zum persischen Mazdaismus aufweist. Dieser wurde dem jahweistischen Klerus zweifellos bekannt, als ihre Heimat rund zweihundert Jahre lang, zwischen 536-323 v. Chr. als Provinz Jehud zum Perserreich gehörte und es in persischen Städten jüdische Diasporagemeinden gab.

Die messianische Figur eines Weltenerlösers beschreibt auch der Mazdaismus in der Erwartung eines von einer Jungfrau geborenen *Saosyant,* von dem die Gründung eines tausendjähriges Reichs des Friedens vorausgesagt wurde. Ebenso gleicht die Charakterisierung des Gottesgeistes verblüffend der Beschreibung des persischen Gottes *Ahuramazda* (weiser Herr) – die sechs bei Jesaja genannten Geist-Eigenschaften finden sich fast identisch in der zarathustrischen Beschreibung der sechs Amschaspand (Amesa Spentas), die als Geisteserscheinungen dem Gott zur Seite stehen.

Auch die Vorstellung eines satanischen Gottwidersachers dringt in dieser Zeit als Äquivalent zum persischen Ahriman in den Jahweismus ein. (Übrigens sind dieser persische Messianismus, Dualismus und die Apokalyptik in die Lehre Jesus gelangt und vom Christentum eschatologisch fortgeschrieben worden.)

Kulturwissenschaft und Ethnologie kennen viele Beispiele von Völkern, die Ideen und Praktiken einer Besatzungsmacht in ihre eigene Weltanschauung einbauten – sowohl um Gemeinsamkeiten herauszustellen, als auch um begrifflich den Umriss der eigenen Position zu schärfen. Es ist anzunehmen, dass die Priester Jahwes wohl Gemeinsamkeiten und Anknüpfungspunkten mit der Religion der Perser suchten und diese so ausformulierten, dass sie für die theokratische Selbstverwaltung der Provinz Jehud nutzbar waren. Aufgrund der von den persischen Herrschern ausgeübten religiösen Toleranz war die Gefahr eines möglichen Konfliktpotentials auf Glaubensebene glücklicherweise gering.

Die nächste, ungleich schärfere Herausforderung stellte sich für die jüdische Religion und Theologie, als die Provinz Jehud nach den Feldzügen Alexanders des Großen von einer persisch zu einer hellenisch beherrschten Provinz wurde, wiederum für rund zweihundert Jahre. Mit den Griechen hielt ein überwunden geglaubter, fröhlich-orgiastischer Polytheismus Einzug, der mit seinen götterreichen Tempeln auch noch einen Affront gegen das jüdische Bilderverbot darstellte. So war gleich zu Beginn der griechischen Besetzung Judas ein Konfliktstoff gegeben, der schließlich zum Befreiungskrieg der Makkabäer führte und auch in der Zeit der römischen Besatzung (dann aber mit den schlimmstmöglichen Folgen) erneut aufflammte.

Das intellektuelle Klima in einigen Diadochenreichen, so im ägyptischen Alexandria, wo die Dynastie der Ptolemäer rund um die weitberühmte Bibliothek und die ansässigen Philosophieschulen eine Arena der Geistigkeit und Intellektualität hatte entstehen lassen, wirkte auch auf die Diasporagemeinden. Hier war es auch, wo um 250 v. Chr. mit der *Septuaginta* die erste Übersetzung des inzwischen kodifizierten jahweistischen Tanach ins Griechische erfolgte.

Kulturaustausch macht fortschrittliche Ideen der einen Seite auch für die andere Seite attraktiv. Wie anziehend die Welt philosophischer Gelehrsamkeit auf Diasporajuden gewesen sein muss, zeigt das *Buch der Weisheit*, das um 50 v. Chr. entsteht und dessen anonymer Verfasser etliche der platonischen und stoischen Ideen der antiken griechischen Philosophie in die jahweistische Theologie einarbeitet.

Er verfasst jene umfängliche und einzigartige theosophische Hymne auf die *sophia*, die Weisheit, aus deren wunderbarer Beschreibung wegen ihrer sprachlichen Schönheit auszugsweise ein längerer Abschnitt zitiert werden soll (W 7, 22-30):

„Ich weiß alles, was verborgen und offenbar ist; denn die Weisheit, die Meisterin aller Künste ist, lehrte es mich. Denn es wohnt in ihr ein Geist, der verständig ist, heilig, einzigartig, vielfältig, fein, behänd, durchdringend, rein, klar, unversehrt, freundlich, scharfsinnig, ungehindert, wohltätig, menschenfreundlich, beständig, gewiss, ohne Sorge; sie vermag alles, sieht alles und durchdringt selbst alle Geister, die verständig, lauter und sehr fein sind. Denn die Weisheit ist regsamer als alles, was sich regt, sie geht und dringt durch alles – so rein ist sie. Denn sie ist ein Hauch der göttlichen Kraft und ein reiner Strahl der Herrlichkeit des Allmächtigen; darum kann nichts Unreines in sie hineinkommen. Denn sie ist ein Abglanz des ewigen Lichts und ein fleckenloser Spiegel des göttlichen Wirkens und ein Bild seiner Güte. Obwohl sie nur eine ist, kann sie doch alles. Und obwohl sie bei sich selbst bleibt, erneuert sie das All, und von Geschlecht zu Geschlecht geht sie in heilige Seelen ein und macht sie zu Freunden Gottes und zu Propheten. Denn niemanden liebt Gott außer dem, der mit der Weisheit lebt. Denn sie ist herrlicher als die Sonne und übertrifft alle Sternbilder. Verglichen mit dem Licht hat sie den Vorrang. Denn das Licht muss der Nacht weichen, aber die Bosheit überwältigt die Weisheit niemals."

Selten findet sich in der Weltliteratur der Völker eine so lyrische Verbindung von Erkenntnistheorie, Theologie und Kosmologie. Zahlreich im Buch der Weisheit sind auch die Anknüpfungspunkte an philosophische Disziplinen der Griechen. Der zitierte Abschnitt zeigt eine einzigartige Synthese, ein Sich-Messen und Erwägen, einen Gedankenaustausch zwischen beiden Kulturen, der aber auch gleichzeitig der eigenen kulturellen und religiösen Selbstvergewisserung und Selbstbehauptung dient.

Eine ganz ähnliche Brücke wird hundert Jahre später der ebenfalls in beiden Geisteswelten beheimatete Apostel Paulus bauen, indem er den Heiligen Geist in einen komplexen Zusammenhang mit der Gegenwart Gottes und Christi, aber auch mit dem Gemeindeleben von Juden- und Heidenchristen setzt. Während der unbekannte Verfasser des Buches der Weisheit einige griechische Theoreme in die jüdische Glaubenswelt integriert, wird es Paulus später in einer umgekehrten Bewegung darum gehen, die zentralen Inhalte der Jesuslehre für die hellenisch-römische Geisteswelt begreifbar zu machen und in einen argumentativen Sprachduktus zu übersetzen.

Blicken wir an dieser Stelle wieder zu Jesus und folgen seinem Wirken, wie uns Johannes daran Anteil nehmen lässt. Dessen Evangelium verbindet bereits das erste öffentliche Auftreten von Jesus mit dem Wirken des Heiligen Geistes und beschreibt dies an drei sehr aufschlussreichen pneumatischen Ereignissen: die Geistestaufe am Jordan direkt nach der Wassertaufe durch Johannes den Täufer, das nächtliche Lehrgespräch in Jerusalem mit dem Religionsrat Nikodemos, und die längere Unterhaltung mit der Samariterin am Jakobsbrunnen vor der Stadt Sychar.

Die Geisttaufe Christi wird in den Evangelien aus verschiedenen Perspektiven erzählt. Im Matthäus- und Markusevangelium ist es Jesus selbst, der aus seinem eigenen Blickwinkel heraus den Geist auf sich kommen sieht und dazu eine göttliche Stimme vernimmt, die ihn als Sohn Gottes bestätigt. Im Evangelium des Johannes wird die Geistheiligung Christi aus der Außenperspektive erzählt, sie wird zunächst von Johannes dem Täufer wahrgenommen und von ihm Dritten gegenüber bezeugt. Johannes der Täufer sagt (Joh 1, 32-34): *„Ich sah, dass der Geist herabfuhr wie eine Taube von Himmel und auf ihm blieb. Und ich kannte ihn nicht, aber der mich gesandt hat, mit Wasser zu taufen, der sprach zu mir: Auf welchen du sehen wirst den Geist herabfahren und auf ihm bleiben, dieser ist es, der mit dem Heiligem Geist tauft. Und ich habe gesehen und habe bezeugt, dass dieser der Sohn Gottes ist."*

Die Evangelien deuten darauf hin, dass die Geisttaufe tatsächlich nur von Jesus und Johannes dem Täufer wahrgenommen und erst im zweiten Schritt weiteren Eingeweihten anvertraut wurde. Für alle späteren ist die Geistheiligung bereits ein Geheimnis des Glaubens. Entscheidend ist allerdings, dass sich für Jesus selbst mit dem Ereignis der Geistheiligung sein Sein und seine Sendung bestätigt haben. Von diesem Zeitpunkt an nimmt der Heilige Geist auch in seiner Lehre immer mehr Raum ein. Das Evangelium des Markus, das früheste der vier Evangelien, bindet dieses Geistereignis umgehend an die Praxis, indem es beschreibt, wie der göttliche Geist in Jesus den Kampf gegen den Geist des Bösen aufnimmt und über diesen siegt, bei Jesus Aufenthalt in der Wüste und bei der ersten Wunderbewirkung in der Religionsschule von Kapernaum.

Sein Selbstverständnis artikuliert Jesus in dem folgenden Gespräch mit Nikodemos, einem Vertreter der pharisäischen Priesterschaft und des religiösen Verwaltungsrates der römischen Provinz Juda. Nachdem Jesus mit seiner ersten öffentlichen Aktion, der spektakulären Reinigung des Vorhofs der Heiden im Jerusalemer Tempel, für Aufsehen gesorgt hat, besucht ihn der interessierte Gelehrte.

Schnell geht es um die Heilserwartung an das Reich Gottes und das Wirken des erwarteten Geistgesalbten. Jesus sagt in diesem Zusammenhang (Joh 3, 6): *„Wenn jemand nicht aus Wasser und Geist geboren wird, kann er nicht in das Reich Gottes hineingehen. Was aus dem Fleisch geboren ist, ist Fleisch, und was aus dem Geist geboren ist, ist Geist."* Es ist der pneumatologische Gehalt dieser Aussage, den auch Nikodemus erst nicht recht nachvollziehen kann.

Wir erkennen eine von Jesus verwendete und von Johannes so verschriftlichte Bildsprache in der Begrifflichkeit von „Wasser-und-Geist", die in sich eine geistige Abstraktionsleistung darstellt – es ist eine Gedankenbewegung vom Elementhaften zum Über-Elementaren, von einem verbildlichendem Denken zu einem vergeistigten Denken, aus sich selbst heraus.

Im anschließenden Kapitel des Evangeliums schildert Johannes eine Szene, die dramaturgisch vorbereitet, was Jesus später während des letzten Abendmahles und nach seiner Auferstehung den Jüngern als Missionsauftrag erteilt. Auf seinem Weg von Jerusalem zurück nach Galiläa begegnet Jesus in Samaria einer Frau, die sich für seine Lehre gewinnen lässt. Während des Gespräches sagt er (Joh 4, 23): *„Es kommt aber die Stunde und ist jetzt da, da die wahren Anbeter den Vater in Geist und Wahrheit anbeten werden; denn auch der Vater sucht solche als seine Anbeter. Gott ist Geist, und die ihn anbeten müssen in Geist und Wahrheit anbeten."*

Wiederum wird Gott als ein Geistsein beschrieben. Wieder handelt Jesus im eindeutigen Bewusstsein seiner Sendung. Wenn man dazu das Zitat im gesamten Kontext des Kapitels liest, wird auch die theologische Zielsetzung deutlich. Die Jesuslehre mit ihrer Betonung eines geistwirkenden Gottes wird als neue Wahrheit gesetzt und nach zwei Seiten positiv abgegrenzt: zum einen gegen eine pharisäische Schriftreligion, die sich starr neuen pneumatischen Offenbarungen verschließt, zum anderen gegen schismatische Parallelreligiösität, für welche Samarien im Meinungsbild strenggläubiger Juden als Symbol diente. Mit diesen Abgrenzungen ist auch das theologische Spannungsfeld umrissen, in dem sich später das junge Christentum in den Gemeinden des Mittelmeerraums wird behaupten müssen.

Jesus stellte fest, vermutlich zu seiner eigenen Verwunderung, dass seine Lehre im nördlichen Galiläa und den angrenzenden Regionen von Syrien und der Dekapolis mehr Anklang fand, als in Judäa. So war es zusammen mit der Erfahrung „in der eigenen Stadt nichts zu gelten", auch das fortschreitende Bewusstsein seines Heiligen Geistes, das Jesus davon überzeugte, seinen Erlösungsauftrag nicht nur auf das Volk Israel zu begrenzen, sondern auf die anderen Völker der Welt auszudehnen. Vollends angekommen war er in dieser Sendung während des letzten Abendmahls mit seinen Jüngern und in seiner Arbeitsanweisung, den er nach seiner Auferstehung an die Nachfolger richtet.

Der *filioque*-Streit der alten Kirche, von dessen Widersinn im Geist schon im Text die Rede war, resultierte aus einer jahrhundertelangen sophistischen Kontroverse um die Dreieinigkeit Gottes. Ein Zweifel meldet sich. Ist die Trinität möglicherweise eine ähnliche Übersteigerung? Als ein Beleg für die Idee der Dreieinigkeit Gottes wurde von den Kirchenvätern jenes Sendungswort von Jesus angeführt, mit dem Matthäus sein Evangelium abschließt (Mt 28, 19): *„Darum geht nun und macht alle Völker zu Jüngern, indem ihr sie tauft auf den Namen des Vaters und des Sohnes und des Heiligen Geistes."*

Mit dieser Formulierung bezweckte Jesus aber vermutlich keine dogmatische Trinitätslehre. Im pragmatischen Zusammenhang des Geschehens ist der Satz erst einmal nur eine dreigliedrige Taufformel mit performativer Wirkung. Der Gläubige wird spirituell gereinigt in die Gemeinde aufgenommen, die Mission geht so ihrer Vollendung entgegen. Diesen Bedeutungskern muss man herausstellen. Da es Jesus um die Aufnahme Neugläubiger in die Gemeinschaft der Jünger ging, liegt in dem Satz ein zuerst gemeindebezogener Zweck. Der Sinn liegt darin, die Lehre für Gläubige verschiedener Herkunft anschlussfähig zu machen. Der Bezug auf den „Vater" macht die Jesuslehre anschlussfähig für die Gläubigen des abrahamitisch-mosaisch geprägten Jahweismus. Der Hinweis auf den „Sohn" stellt die Verbindung zu der Messianismusbewegung her, die sich im Jüngerkreis von Johannes dem Täufer entwickelt hatte. Der Bezug auf den „Heiligen Geist" schafft einen Verständniszugang für jene, die aus der philosophisch ausgeklügelten Geisteswelt der Griechen und Römer kamen. Alles zusammen passte auch für Mithrasverehrer und die Völker im persisch-parthischen Reichsgebiet.

Um genau diese Anschlussfähigkeit ging es auch Paulus in der Schlussformel des Briefes an die Gemeinde in Korinth (2. Kor 13,13): *„Die Gnade des Herrn Jesus Christus und die Liebe Gottes und die Gemeinschaft des Heiligen Geistes sei mit euch allen."* Auch mit dieser Aussage ist – pragmatisch-performativ – kein Trinitätsdogma intendiert, sondern eine versöhnende Segnungshandlung für den Gruppenzusammenhalt. Dem Brief vorausgegangen waren interne Streitigkeiten einzelner Gemeindemitglieder mit Paulus und auch innerhalb der Gemeinde. Die Absicht der Formulierung liegt auch hier in ihrer verbindenden Wirkung, in der sich sowohl Judenchristen (Bezug auf den liebenden Gott des Volkes Israel und den Messias), wie logos-geprägte Heidenchristen als Einheit begreifen konnten. Es ging um die Solidarität der Gemeinden im Inneren und auch durch gegenseitige Hilfe in ihrem Außenverhältnis. Nicht eine Gottes-dreieinigkeit ist der eigentliche Zweck der Segensformel, sondern eine Gemeindeeinigkeit in der Gemeinschaft des Heiligen Geistes. Die Aussage hat in ihrer Pragmatik also eine funktionale Bedeutung und nicht jene strukturelle, die eine eher selbstzentrierte Kirchentheologie, wenn auch guten Willens, hinein interpretiert. Insofern ist auch jenen antiken Kirchenvätern zu widersprechen, die aus den genannten Zitaten eine Dreifaltigkeit Gottes als Seinsweisen (Hypostasen) im gegenseitigen Relationsverhältnis (Personen) meinten herauslesen zu müssen. Tertullians Kurzformel „*una substantia – tres personae*"spiegelt selbst ein verdinglichtes Denken, zumal seine Begrifflichkeit der *Proprietäten* und *Repräsentationen* doch allzu winkeladvokatisch klingt. Und geradezu unfreiwillig komisch wirkt das Modell, das Augustinus entwickelt hat – in dem der Heilige Geist gewissermaßen der glückliche Dritte einer mit Gott und dem Sohn bestehenden Liebesbeziehung ist. Augustinus *vinculum amoris* ist reine Spekulation. Genauso könnte man die Idee der Trinität aus einem Wassermolekül herleiten mit der Begründung, dass die Liebe eines Sauerstoffatoms zwei Wasserstoffatome an sich gebunden habe.

Schon am lateinischen Begriff der *persona* zeigt sich die Problematik theologischer Terminologie, die sich ja auch nur aus dem Wortschatz der Fach- und Alltagssprachen bedienen kann. Ursprünglich meint der Term *persona* eine bestimmte Schauspielerrolle, abgeleitet entweder von der griechischen Bezeichnung für eine Theatermaske (*prosopon*) oder von der etruskischen Vokabel *phersu*, die einen Darsteller bei einem Leichenfeierspiel oder gar selbst einen Unterweltsdämon (in Person) bezeichnete. Aus diesem Ausdruck ist der Begriff der *Person* hervorgegangen, eines Akteurs im Zusammenspiel anderer Akteure, der durch individuelle Charaktereigenschaften gekennzeichnet ist. Auch wenn die Welt gerne einmal als große Schauspielbühne bezeichnet worden ist, so sollten wir Gott wohlweislich nicht in die Nähe eines maskentragenden Darstellers rücken.

Indes, *„die Bedeutung eines Wortes ist sein Gebrauch in der Sprache"*, schreibt der analytische Philosoph Ludwig Wittgenstein in seinen *Philosophischen Untersuchungen.* Offenbar genügen schon einige einfache Worte der natürlichen, normalen Sprache, um metaphysische Sprachspiele einigermaßen plausibel wirken zu lassen. So ist auch der alttestamentliche Ausdruck für den Geist Gottes – *ruach* – nicht eine Wesenheit, wie sie der Begriff *Person* nahelegt. Vielmehr bezeichnet *ruach*, und sein griechisches Äquivalent *pneuma* eine immaterielle „Hauchung", einen in Bewegung befindlichen Wirkungszusammenhang, der sich etwa in der Weltschöpfung oder in der Menschenseele ereignet. Um einen Begriff der Physik ebenfalls einmal metaphorisch zu verwenden: eine Quantenwirkung.

Das trinitarische Dogma ist eine Konstruktion verdinglichten Denkens. Manchen mag dieser Satz zu unitarisch klingen. Aber ich gebe zu bedenken: Jede begriffliche Ausdifferenzierung schafft immer Grund für Friktionen. Im Sinne der Christeneinheit machen eher Glaubenssätze Sinn, die solche Friktionen umgehen, anstatt diese zu vertiefen. Wie sollte es einleuchten, dass Gott seine eigene Geistwirklichkeit als eine von ihm separate und zu ihm in Beziehung stehenden Seinsweise versteht? Ein Leib-Seele-Problem kennt nur der Mensch. So ist der Heilige Geist die Wesenheit Gottes, das Gotteswirken selbst. Eine Ein*heit* gibt es immer nur als als Eins*sein*.

Zudem geraten Versuche, den Heiligen Geist personal aus der Trinität zu begründen oder ihn in ein entsprechendes Beziehungsverhältnis zu setzen, zirkulär. Die Trinität, so wird argumentiert, ergebe sich daraus, dass auch der Heilige Geist eine Person (Relationseinheit) sei. Zugleich aber wird behauptet, der Heilige Geist sei eben deswegen eine Person, weil er mit zwei anderen Personen interpersonal agiere. Daraus folge eben die Trinität.

Schwingt man das eigene Bewusstsein auf den Heiligen Geist ein, so erscheint auch ein anderer tragischer Kirchenstreit, innerhalb des Protestantismus, so ganz überflüssig. Es ist die Entzweiung zwischen mittel- und oberdeutschen Reformatoren, zwischen Evangelisch-Lutherischen und Reformierten, sowie wiederum beider gegenüber Täufern, Schwenkfeldianern und anderen freien Gemeindegruppen, aufgrund unterschiedlicher Interpretationen der Sakramente. Exemplarisch dafür sei auf das Abendmahl verwiesen. Die lutherische Lehre über die Realpräsenz Christi ist nur unwesentlich von der katholischen Transsubstantiationslehre entfernt, sie ist noch immer einem Leib-gerichteten Verständnis verbunden. Ein eher Geistgerichtetes Verständnis findet sich bei der reformierten, eher pneumatisch ausgerichteten Eucharistieauffassung, so bei Zwingli oder Calvin, erst recht bei Täufern und Schwenkfeldianern. Sie verstehen die Gleichsetzung von Brot und Wein mit Leib und Blut Christi (wenn auch in unterschiedlichen Graden) als eine eher zeichenhaft-symbolische, deren Sinn vor allem in einer Geistesverbindung zwischen Christus und den gläubigen Christen liegt.

Die Einsetzungsworte, die Jesus beim Abendmahl verwendet, sind pragmalinguistisch aus der Absicht zu verstehen, aus der heraus die Sprechhandlung die Geste begleitet. Im Matthäusevangelium sagt Jesus bei der Weinreichung (Mt 26, 28): *„Das ist mein Blut des neuen Testaments, welches vergossen wird für viele zur Vergebung der Sünden".* Dieser Satz ist im Kern eine Absage an den Opferkultus der jahweistischen, aber auch insgesamt der antiken Religionen, bei denen mit dem Blut von Tieropfern eine individuelle oder kollektive Entsühnung von Verfehlungen beabsichtigt war. Jesus setzt dagegen den Sinn seiner Lebensopferung, die Erlösung der Menschheit von alten und zukünftigen Sünden. Insofern sollte man die Aussage auch nicht verdinglicht denken, als Körperzellen und Blutkörperchen, sondern die Absicht des Sprechers bedenken. Sprachphilosophisch formuliert: die Intention in der Proposition sehen. Das Alte wird durch das Neue ersetzt.

Ebenso ist auch sein Satz bei der Brotausteilung als pragmatisch-teleologische Sprechhandlungen zu verstehen. Jesus sagt (Lk 22, 19): *„Das ist mein Leib, der für euch gegeben wird, das tut zu meinem Gedächtnis"*. Damit legt er nahe, die Abendmahlsfeier als einen zukünftigen Gedächtnis- und Erinnerungsakt zu begehen, als eine fortan zu erfolgende Vergegenwärtigung im Geist. Gar nicht so sehr das Mittel (Brot) ist entscheidend, noch weniger dessen etwaige Verwandlung in messianisches Zellgewebe, sondern der intelligible Zweck: das völlige Bewusstsein im Geiste Jesu Christi.

Welche christliche Kirche kann es ihren Gläubigen ernsthaft verbieten, das Abendmahl gemeinsam mit Christen anderer Kirchen einnehmen zu wollen? Eine solche Spaltungshaltung ist weder im Sinne Jesu noch des Heiligen Geistes. Im Übrigen ist es fraglich, ob der Sachverhalt überhaupt ein kirchliches Dogma zur Klärung benötigt. Eine Transsubstantiation hätte in der konkreten Situation der Einsetzung durch Jesus keinen Sinn ergeben und wäre von den Jüngern auch nicht so verstanden worden, denn Jesus saß ja noch zu dem betreffenden Zeitpunkt in Fleisch und Blut vor ihnen. Wenn das Einsetzungswort Christi einen gewissen Spielraum seiner Auslegung enthält, mit anderen Worten, wenn Jesus selbst die Einsetzung interpretationsoffen formuliert hat, ist es am besten, das Verständnis der individuellen Offenbarung des Heiligen Geistes im Bewusstsein des jeweiligen Christen zu überlassen. Der Heilige Geist mag bei der Einnahme des Abendmahls bei jedem so wirken, wie es für den Einzelnen und seine Glaubensfestigkeit nötig ist. Auch die Jünger werden das Abendmahl gemeinsam eingenommen haben, ohne allesamt auf einem identischen Erkenntnisstand gewesen zu sein.

Jesus war angetreten, das alte Gesetz zu überwinden, nicht aber neue Ausgrenzungen zu schaffen. Der Glaube an die Anverleiblichung ist genauso wenig zwingend, wie der Glaube an die Beschneidung. Wichtig ist die geistige Verwandlung, die mit der Austeilung und Einnahme des Abendmahls bezweckt ist. Ob der jeweilige Gläubige diesen Vorgang eher symbolisch, gestalthaft oder leiblich verstehen und deuten will, darf in seiner eigenen Entscheidungsfreiheit liegen, denn seine Gleichförmigkeit in Christo ist in erster Linie eine Frage der Geistesannäherung und Geistesgegenwärtigkeit. Für Jesus war die gemeinschaftsbildende Wirkung des Abendmahls entscheidend, also ist auch für Christen die Gemeinschaft mit Christen wichtig, und weniger der Bedeutungsanspruch einer Amtshierarchie der Kirche. Das Abendmahl kann daher gar nicht anders gedacht werden als ökumenisch, sonst ist es kein Abendmahl.

Ich vermutete eingangs, dass aus der Perspektive des Heiligen Geistes etliche Disziplinen der Theologie an dogmatischem Stellenwert verlieren. Zu diesen gehört zweifellos auch die Verehrung der Gottesmutter, im theologischen Term gesprochen: die Mariologie, die manchem auch schon im Gewande einer Vierfältigkeit erschienen sein mag. Mystisch wird es, wenn die Päpste von Alexander III bis Pius XII das Dogma bestätigen, der Leichnam Marias sei im Moment ihres Ablebens und gänzlich unverwest mit Leib und Seele in den Himmel aufgefahren. Solche *Pastophóroi* würden eigentlich besser zum Isis-Glauben passen. Der Marienkult mag als kluges Anliegen des frühen Christentums verstanden werden, frühere Muttergottheiten mit der neuen Lehre zu überformen. Ebenso stellen wir aber fest, dass der Marienkult von der Kirche den Frauen im selben Maße ans Herz gelegt wurde, wie die Frauen selbst aus den Strukturen der Kirche verdrängt und entmündigt wurden. Es gibt keine Mariologie in der Lehre Christi.

Wohl aber finden wir Jesus auf jeder wichtigen Etappe seines Wirkens in der Gegenwart von Frauen: angefangen von der Geburt, über die Wunder und Krankenheilungen, die er für glaubensstarke Frauen leistet, bis zu den ersten Gemeindegruppen von Jüngern und Jüngerinnen. Frauen sind wichtige Dialogpartnerinnen, die letzten Begleiterinnen bei seiner Kreuzigung und die ersten Zeuginnen des Auferstandenen. Auch bei den Missionsreisen der Apostel taten sich Frauen als Multiplikatorinnen der Evangelisation und als Gemeindegründerinnen hervor. Die Apostelgeschichte erwähnt die Familie des Evangelisten Philippus in Cäsarea, dessen vier Töchter allesamt über die Geistesgabe der Weissagung verfügten. Es muss ein Haushalt gewesen sein, dem zu jedem Anlass der Mund überging – vermutlich eine Art Vorläufer des evangelischen Pfarrhauses. Heutige Medien-Kleriker in Sonntagsgazetten und Glotze lassen grüßen.

Indes, ja: Die Früchte, Gaben und Dienste des Heiligen Geistes beweisen sich gleichermaßen bei Frauen wie bei Männern. Nur allzu berechtigt ist also die Gleichstellung von Mann und Frau im Kirchendienst. Eine Kirche, die Frauen das geistliche Amt und damit ihren Beitrag zur Wahrheit und Weisheit Gottes verwehrt, begeht eine Sünde gegen den Heiligen Geist.

Während die Katholische Kirche eher an liebgewordenen Dogmen alter Kirchenväter festhält, übernimmt die Evangelisch-Lutherische Kirche gerne prinzipienlos die Moden des politischen Zeitgeistes. Als preußische Staatskirche und als böses Gewächs der „Deutschen Christen" in der Nazizeit hat sie sich versündigt. Dass die EKD ihren Opportunismus gegenüber Obrigkeiten noch immer nicht abgelegt hat, zeigt sich in ihren politischen Parteinahmen. Ihre Agitation ist weniger diejenige einer Missionskirche, sondern eher diejenige einer Arbeitsgemeinschaft für Kanzelmarxismus. Nicht jeder Lebensstil, der von einer Minderheit gepflegt wird, muss auch in allen anderen

Lebenswelten seinen Platz haben. Es ist für das eigene Menschsein durchaus hilfreich, sowohl innere Begrenztheit mit einer gewissen Demut der Selbsterkenntnis zu akzeptieren, als auch äußere kulturelle Grenzen zu respektieren, die wir in gesellschaftlichen Zusammenhängen finden. Nicht jede weltliche Profanität kann einen Anspruch darauf erheben, mit sakralen Weihen bedacht zu werden. Wenn eine Kirche nur noch liebhudelt und mit Menschenzungen redet, ist sie eine klimpernde Schelle. Wenn eine Kirche politischen Lobbygruppen mehr Gehör schenkt als der Offenbarung Gottes, dann begeht sie damit eine Sünde gegen den Heiligen Geist. Jesus Christus und Paulus waren recht eindeutig, was die Ehe von Mann und Frau betrifft. Die sakramentale Haltung katholischer, orthodoxer und evangelikaler Kirchen in dieser Frage ist zumindest im Sinne der Schrift, nimmt man die Schrift im Sinne ihres Erfinders.

Strittigkeiten innerhalb der Christenheit sind zumeist darauf zurückzuführen, dass sich klerikale Zirkel auf Spitzfindigkeiten versteiften und jeweils gegeneinander als allein selig machende Wahrheiten behaupteten. Wir können weder die Geschichte des Christentums noch der anderen Monotheismen trennen von einer langen Kette menschengesetzter Zweckinteressen, theokratischer Taktik, Irrtümer, Übersetzungsfehler biblischer Texte, aus dem Zusammenhang gerissener Zitate, klerikaler und kirchlicher Macht-interessen, Artikulationsschwierigkeiten, Totschweigetechniken, Abergläubigkeit, geistiger Trägheit, verselbständigten Lehr- und Leerformeln, pharisäerhafter Gewohnheit, alten Zöpfen, goldenen Kälbern, theologischen Scheingefechten, hektischem Zeitgeist und anderem mehr, was einem kritischen Geist und einem gesunden Glauben nicht stand hält.

Das seelische Zentrum des Christentums ist die heilsgeschichtliche Verbindung von Heiligem Geist, Christus und Christengemeinde.

Wie etliche andere Vertreter der Reformation nahm auch Thomas Müntzer mehrfach dazu Stellung. Aus seiner Perspektive stellt sich der Heilige Geist als Teil des göttlichen Heils- und Erlösungsplanes dar, wie er in seiner *Fürstenpredigt* aus dem Jahre 1524 vorausgriff: *„Es ist wahr und ich weiß gewiss, das der Geist Gottes jetzt vielen auserwählten frommen Menschen offenbart, eine unüberwindliche zukünftige Reformation sei von großen Nöten und sie müsse werden.“* Dieser reformatorische Impuls war für Müntzer identisch mit der Nachfolge Christi – wie er im gleichen Jahr in seiner Schrift *Von der Menschwerdung Christi* begründete: *„Denn Christus, der wahrhaftige Gottessohn, ist um der alleinigen Ursache Mensch geworden, auf dass der Heilige Geist in den Herzen der Auserwählten sollte erklärt werden.“* Diese Zeit war für ihn mit dem Anbruch der Reformation gekommen. Schon in seinem *Prager Manifest* von 1521 legitimierte er, ähnlich wie vor ihm Paulus und wie zeitgleich übrigens auch Zwingli, sein Vorgehen durch einen Bezug auf den Heiligen Geist. Müntzer bezieht sich auf die Jesajas, wenn er schreibt, *„dass ein Auserwählter den Heiligen Geist siebenmal empfangen haben muss“* – gemeint sind die sieben Gaben, von denen Münzer in seinen Texten die Gotteserkenntnis und die Gottesfurcht an oberste Stelle setzte und diese als die Grundlage für den *„heiligen, unüberwindlichen Christenglauben“* verstand.

Müntzers Geistlehre zieht sich vom Prager Manifest an durch sein ganzes weiteres Predigt- und Schriftwerk und bildet dabei den zentralen Reflexionspunkt. Einer schriftfixierten Religion stellte er die Selbstoffenbarung des Heiligen Geistes im freien Wort gegenüber und begründete dies mit dem Verweis auf entsprechende Stellen in den Paulus-Briefen (2. Kor 3): *„Paulus schreibt dass die Herzen der Menschen das Papier oder Pergament sind, da Gott mit seinem Finger, nicht mit Tinte, seinen unverrücklichen Willen und ewige*

Weisheit einschreibt. Eine Schrift, welche jeder Mensch lesen kann, wenn er eine aufgetane Vernunft hat." Es ist die auf Jesus zurückgehende Feststellung, dass der Buchstabe den Glauben abzutöten geeignet ist, wohingegen der Geist lebensspendend auf Mensch und Glaube einwirkt.

Von einem so paulinisch inspirierten Verständnis der Glaubensfreiheit durch Christus arbeitete sich der Reformator zu einem politischen Freiheitsverständnis vor. Das Paulus-Zitat *„Der Herr aber ist der Geist, und wo der Geist des Herrn wirkt, da ist Freiheit"* (2. Kor 3, 17) führte Müntzer in seiner *Fürstenpredigt* zum Ansatz einer Befreiungstheologie aus, die das Recht des Gläubigen auf Widerstand gegen weltliche Obrigkeiten betont. Je nachdem, ob eine Obrigkeit dem Menschenwohl im christlichen Glauben gerecht wird, oder sich als Tyrannei erweist, darf schon auf Erden über sie gerichtet werden. Dabei bewegte sich Müntzer gedanklich auf einer Zeitachse, die vom Widerstand israelitischer Propheten gegen verwerfliche Regierungspraktiken der Könige hinüberführte in die Apokalypse, die er in seiner Zeit gekommen sah. Dabei war ihm bewusst, dass dieser Weg auch über die größten persönlichen Opfer führen kann. *„Dass ich solche Lehre an den Tag bringe, bin ich bereit, um Gottes Willen mein Leben zu opfern"*, heißt es im Prager Manifest. Ein Bekenntnis zur Christusnachfolge mit allen denkbaren Konsequenzen.

Erinnern wir uns noch einmal an die Eingangsszene dieser kleinen Denkschrift und vergegenwärtigen uns das unerklärliche Rätsel der Weltwerdung: *„Der Geist Gottes schwebte über dem Wasser"* – mit diesem Satz wird in der Genesis das Wesen Gottes beschrieben. Als Geistwesen, als geistige Kraft, und ihre Wirkung. Erst in einem der Folgesätze kommt es zum Schöpfungsakt *„Und Gott sprach"* – eine Sprechhandlung, ein Sprachspiel – also auch ein Geistesakt,

38

in dem sich Gott offenbart. Ob in dieser Bibelstelle durch Worte aus eigenem Geist oder durch Worte aus Menschengeist sei zunächst einmal dahin gestellt. Jedes Sprachspiel, so lesen wir ebenfalls bei Wittgenstein, kann zu einer *fixen Idee* werden. Erinnern wir uns des nicht erst von Ludwig Feuerbach, sondern schon von Georg Christoph Lichtenberg verfassten Aphorismus (Sudelbuch 1773-75): *„Gott schuf den Menschen nach seinem Bilde. Das heißt vermutlich: Der Mensch schuf Gott nach seinem Bilde."* Wie lautet Gottes Ankündigung, den Menschen zu erschaffen? *„Wir wollen Menschen machen, ein Abbild, das uns gleich sei."* Zu wem spricht Gott hier in einer Pluralform? Die Annahme, dass er bereits am Anfang der Genesis auf sich als ein dreieiniges Wesen Bezug nähme, ist nicht überzeugend, denn es wäre ein unzulässiger Rückschluss vom Neuen auf das Alte Testament, dessen Gottesbild keine Mehrwesenheit vorsieht. Plausibler ist die Hypothese, dass in der Pluralform noch ein Rest des mesopotamischen Polytheismus nachschwingt. Und dass bei der Verschriftung des frühen, mündlich überlieferten Jahweismus in den Textkorpus der Torah während des babylonischen Exils diese Stelle aus Respekt vor dem Alter der Worte nicht interpoliert wurde. Ich möchte den Schöpfungs-Sprechakt allerdings als Feststellung eines auf sich selbst gerichteten Bewusstseins verstehen, als dessen inneren Dialog und Selbstanrede mit pragmatischer Handlungsabsicht. Diese Interpretation ist, das gebe ich zu, wie fast alles theologische Sprechen, ebenfalls eine besondere Art des der Vermenschbildlichung Gottes.

Ebenso selbstreflexiv-anthropomorph ist aber auch die angebliche Reaktion Gottes, der bei seinem gechillten Abendspaziergang im Garten Eden auf einmal wenig amüsiert feststellt, dass sich der Mensch am „Baum der Erkenntnis" beköstigt hat: *„Seht, der Mensch ist geworden wie wir"* (1. Mose 3, 22).

Dass menschliche Intelligibilität als Ergebnis eines „Sündenfalls" beschrieben wird, ist nichts anderes als eine theologische Schutzbehauptung gegen die Vernunftfähigkeit des Menschen. Es ist der Mythos von den verbotenen Früchten, mit dem die Vorgängigkeit des Gottesgeistes vor dem Menschengeist festgeschrieben werden soll. Die erzieherische Absicht des Mythos ist es, der Idee vorzubeugen, dass jede Vorstellung von Gott zunächst einmal eine Projektion des Bewusstseins sein könnte. Jedoch: Anthropomorpher als bei dieser Bibelstelle ist Gott eigentlich kaum noch beschreibbar. Der Text erfüllt genau das, was er zu verhindern beabsichtigt. Tatsächlich hat der Anthropomorphismus drei Projektionsstufen. Auf erster Stufe ist der Anthropomorphismus gegenständlich und figurativ. Es ist die Vorstellungswelt der Idolskulpturen, Figurinen und Statuen. Dieser figurative Anthropomorphismus entwickelt sich stammes-/religionsgeschichtlich zu einem Anthropomorphismus zweiter Stufe, auf welcher einer Gottheit bestimmte Charaktereigenschaften zugeschrieben werden, die denen der menschlichen Psyche entsprechen. In Anlehnung an Descartes könnte man die Genesis-Stelle so umschreiben: Mit einem „ich spreche, also bin ich", formuliert Gott den Beweis seiner Existenz. Auf dritter Stufe folgt ein kognitiver Anthropomorphismus, der eine rein geistige Verbindung zwischen Gott und Mensch herstellt. Gott erscheint als selbstreflexives Geisteswesen, eine Bewusstseinsqualität, die der Mensch zuallererst einmal von sich selbst kennt.

Interessanterweise lassen sich diese Abstraktionsebenen auch schon bei der Verwendung des Begriffes *ruach* zeigen und in Bezug auf die Bedeutungserweiterung die dieser im Alten Testament durchläuft. Anfänglich meint der Begriff den Windhauch, es kommen später akzidentielle Eigenschaften hinzu, wohlwollende (Regen = Segen) wie auch strafende (Sturm = Zorn); und schließlich entsteht daraus die Abstraktionsebene des göttlichen, sich auf den Menschen übertragenden Heiligen Geistes.

Jetzt ließe sich zwar die Hypothese einwerfen, das alles, was der Mensch über Gott zu wissen glaubt, ihm von Gott selbst in Seele und Verstand gelegt wird – jedoch: Erstens stellt die Proposition dieses so geäußerten Satzes ebenfalls einen menschlichen Bewusstseinsinhalt dar. Und sollte die Hypothese als Begründung ihrer selbst gelten, wäre sie zirkulär. Es gibt keinen Satz über Gott, der nicht von einem menschlichen Verstand ausformuliert worden ist. Ob sich darin ein als *höher* gedachtes Wesen mitteilt, oder wir selbst uns dessen Wesen erst entwerfen, ist für unser Denken rein kognitiv nicht auflösbar. Wir bewegen uns vorrangig innerhalb unserer eigenen intelligiblen Prozesse. Sogar einen Begriff wie *Heiliger Geist* zu verwenden, um das Wesen Gottes zu beschreiben, stellt einen kognitiven Anthropomorphismus dar. Gleichzeitig ist aber die einzige uns zugängliche Instanz, in der etwas über Gott erdacht oder von Gott verstanden wird, das menschliche Bewusstsein.

Alles eigene Wahrnehmen von Gott entsteht als Interpretament im menschlichen Geist. Es gibt für uns Menschen gar keine andere Instanz, um uns mit Gott oder dem Heiligen Geist zu beschäftigen, als den eigenen Kognitionsapparat. Oh ja, der Geist des Menschen ist so leicht täuschbar in sich selbst, wie schnell hält das Bewusstsein für wahr, was es in eigener Verstehensanstrengung erarbeitet hat und erkannt zu haben glaubt. Ein Phänomen, das neurobiologisch leicht zu erklären ist, denn wenn sich bestimmte Impulsleitungen im Gehirn erst einmal eingespielt haben, gewinnen Vorstellungskomplexe und fixe Ideen für sich selbst eine eigene Wirklichkeit.

Nicht von ungefähr warnen die Verfasser biblischer Texte immer wieder vor „falschen Geistern". Nicht grundlos zählt zu den Gaben des Heiligen Geistes auch die „Gabe der Geisterunterscheidung".

Aber im Gegensatz zu Geboten moralischen Handelns, deren Sinn sich in der Alltagspraxis schnell erschließt, sind andere Bereiche metaphysischen Sprechens weder verifizierbar noch falsifizierbar. Selbst eine Gabe des Heiligen Geistes muss mit einem Fragezeichen versehen werden – das sogenannte Zungenreden, die Glossolalie. Wir tun gut daran, diese Art religiöser Eingebung dort zu verorten, wo nach Erkenntnissen der kognitiven Neurowissenschaft alles Sprachvermögen beginnt. Im Gehirn, in den Nervenverflechtungen zwischen Broca-Areal und Wernicke-Areal.

In den Paragraphen 3 und 4 seiner *Glaubenslehre* beschreibt es der Theologe Friedrich Schleiermacher als das Wesen der Frömmigkeit, *„daß wir uns unserer selbst als schlechthin abhängig, oder, was dasselbe sagen will, als in Beziehung mit Gott bewußt sind"*. Interessanterweise bindet die eigentliche propositionale Bedeutung der Formulierung das Wort *bewußt* ein! Es geht um Vorstellungs- und Vergegenwärtigungsakte *von etwas* – dessen Wahrnehmungsinstanz intentional nicht nur auf einen äußeren Gegenstand gerichtet ist, sondern ebenfalls intentional selbstbezogen im eigenen Ich liegt. Solange unser Geist im Zustand seiner eigenen Intelligibilität tätig ist, kann unser Bewusstsein die auftretenden Zustände oder Denkinhalte nur als die eigenen oder eigens angeeigneten wahrnehmen. Das metaphysische Denken kann sich zwar *vorstellen*, dass es transzendente Inhalte von außen empfängt, aber den Glauben an die Wahrhaftigkeit des Vorgangs kann wieder nur es selbst aufbringen.

In seinen *Reden über die Religion* schreibt Schleiermacher, es sei das Ziel der Reformation, *„einen ewigen Vertrag zu stiften zwischen dem lebendigen christlichen Glauben und der nach allen Seiten freigelassenen, unabhängig für sich arbeitenden wissenschaftlichen Forschung, so dass jene nicht diese hindert, und diese jene nicht ausschließt"*. Genauso wie sich die Theologie im 18. Jahrhundert der Aufklärung zu stellen hatte, im 19. Jahrhundert der Evolutionstheorie und den Naturwissenschaften, sowie im 20. Jahrhundert der Psychoanalyse, der analytischen Philosophie und der Astrophysik, so sollte sie sich heute im Licht der Philosophy of Mind oder der Neurowissenschaft lesen lernen und ihre zerebrale Bedingtheit reflektieren.

Wie die Religionsgeschichte zeigt, artikuliert sich Religion immer derart in der menschlichen Sprache, dass sie neue Erkenntnisse des, wenn man so sagen will im Hegelschen Sinne, *Weltgeistes* zu den ihren macht, vom Mazdaismus über den Platonismus bis hin zur naturwissenschaftlichen Forschung. Der Entwicklungsstand des Glaubens geht einher mit dem allgemeinen geistigen Entwicklungsstand der Menschheit. Wir dürfen also mit Blick auf die Gegenwart ruhig annehmen, dass der Heilige Geist unserem menschlichen Intellekt einen zweifachen Zugang zur Geheimnishaftigkeit Gottes anbietet: eine geistes- und naturwissenschaftliche Annäherung an das im Ursprung noch immer ungeklärte Rätsel der Schöpfung einerseits und andererseits die charismatische Erweckung von Menschen sowie deren ganz persönliche und gemeinschaftliche Ergriffenheit an Geist, Leib und Seele.

Der Geist ist das einzige Medium, mit dem sich das menschliche Bewusstsein in Beziehung setzen kann mit der Unendlichkeit der Schöpfung. Es ist die Gotteswirksamkeit, die wir in den physikalischen Gesetzen erkennen können, in jenen Gesetzmäßigkeiten, die unser moderner wissenschaftlicher Verstand entwickelt hat, um sich die Welt zu erklären. Die Beziehung zum Heiligen Geist wäre ein Weg, um das aus der Schöpfung entstandene Menschenbewusstsein mit dem Wissensanspruch der Moderne zusammen zu bringen – aus der Weisheits- und Heilssuche der Antike herüber zu reichen in die Jetztzeit.

Das oft im Christentum ersehnte Zeitalter des Heiligen Geistes ist vermutlich nicht in erster Linie das Zeitalter einer institutionellen Kirche, es ist die Glaubensfreiheit des einzelnen Menschen in der Geistwirkung Gottes – und in den Gemeinden und Gemeinschaften, die sich daraus ergeben. Eine Verbindung aus altkirchlicher Pneumatologie, dem Spiritualismus der radikalen Reformation und neueren pfingstlich-charismatischen Bewegungen dürfte der eigentlichen Bedeutung des Heiligen Geistes am nächsten kommen. Wie man dem Geist begegnet, mit Kirchenrecht und exorziertem Weihwasser oder bei schlagzeugbegleitetem Powerpoint-Preaching, ist mutmaßlich Geschmackssache. Das Leben in der Gnade ist ganz eigentlich ein Leben nach den Gaben des Geistes und ein Aufgehen in seiner Wirksamkeit. So wie das Heilige Abendmahl den Erlöser verkörpert, so verkörpert Jesus den Heiligen Geist im Wirken eines leiblichen Menschen. Der im Heiligen Geist teilnahmsvolle Mensch kann seine Begabungen nach dem Vorbild Jesu Christi einsetzen – in der Liebe zu Gott und seinen Nächsten. Der Geist ist Fleisch geworden, damit das Fleisch Geist werden kann. Der Mensch hat Geist, um glauben zu können. Und, dies kann man nur so doppelsinnig ausdrücken, der Mensch hat Verstand, um den Glauben vor sich selbst zu schützen.

SOLUS SPIRITUS

Oratorium zu Pfingsten

I GEIST DER GEWISSHEIT – Das 15. Jahrhundert

Stücke	Text
Sec.-Rezitativ [Votum] Evangelium des Johannes 1, 1	Am Anfang war das Wort, und im Wort war der Geist, und Gott war der Geist. Von Anfang an ist alles entstanden durch die Geistkraft Gottes.
Wechselgesang [Kyrie] Schola/ Gemeinde Augustinus (354-430) Erweiterung im Stil der Litanei: Preckwitz	Atme in mir, Heiliger Geist, damit ich Heiliges denke. <div align="right">Kyrie eleison</div>Treibe mich, Heiliger Geist, damit ich Heiliges tue. <div align="right">Kyrie eleison</div>Locke mich, Heiliger Geist, damit ich Heiliges liebe. <div align="right">Kyrie eleison</div>Stärke mich, Heiliger Geist, damit ich Heiliges hüte. <div align="right">Kyrie eleison</div>Hüte mich, Heiliger Geist, damit ich das Heilige niemals verliere. <div align="right">Kyrie eleison</div>
Arie [Gloria] Hildegard von Bingen, 12. Jh. *o virtus* *sapientiae* Übersetzung: Preckwitz	O Weisheit, wirkende Kraft, wirbelnd ziehst du deine Kreise bahnst als die alles Umfassende den einen Weg, der alles Leben schafft, drei Schwingen sind dein: eine von ihnen schwebt am Himmel, die zweite hebt sich von der Erde, die dritte fliegt allüberall Lob sei dir, Preis, der dir gebührt, O Weisheit.

Rezitativ [**Lesung**] Buch der Weisheit 7,22 Fassung: Preckwitz	Ein Geist erfüllt die Weisheit mit Klugheit und Heiligkeit, einzigartig und vielseitig ist dieser Geist, der fein ist und regsam und alles durchdringend, in seiner Lauterkeit und seinem Scharfsinn, ein Geist, der keinen Schaden nimmt, weil er hellsichtig ist und von nichts zu hindern, ein Geist, der das Gute liebt, selber barmherzig und menschenfreundlich, der sich in Festigkeit und Gewissheit beweist, er nimmt der Weisheit die Sorge und macht sie allem gewachsen, so bleibt ihr nichts verborgen und sie erkennt alle Geister, die mit Verstand begabten, die in Reinheit und aller Feinheit. Diese Weisheit ist beweglicher als alles, was sich bewegt, denn ihr Geist ist Gottes allwirkende Kraft.
Arioso [**Resp.-Psalm**] Psalm 51	Schaffe in mir, Gott, ein reines Herz und gib mir einen neuen, gewissen Geist. Verwirf mich nicht von deinem Angesicht und nimm deinen heiligen Geist nicht von mir. Mach mich wieder froh mit deinem Heil und rüste mich aus mit einem willigen Geist!
Kirchenlied Chor/Solisten [**Graduale 1.**] Hraban Maurus, 809, *veni creator* *spritus* Text: J.W. von Goethe, 1820 EG 126, St. 1,3,6 Sequenz/Ruf vor dem Evangelium	Komm heiliger Geist, du Schaffender, komm, deine Seelen suche heim; mit Gnaden-Fülle segne sie die Brust, die du geschaffen hast. Du siebenfaltiger Gaben-Schatz, du Finger Gottes rechter Hand, von ihm versprochen und geschickt, der Kehle Stimm' und Rede gibst. Vom Vater uns Erkenntnis gib, Erkenntnis auch vom Sohn zugleich, uns, die dem beiderseit'gen Geist zu allen Zeiten gläubig flehn.

Rezitativ [Evangelium] Evangelium des Johannes 3,5 Fassung: Preckwitz	Also sprach Jesus zu Nikodemos dem Pharisäer: Nimm das für wahr, was ich sage: Wer nicht aus Wasser und Geist neu zum Leben erwacht, gelangt nicht in Gottes Reich. Fleisch wird geboren aus Fleisch, aber der Geist zeugt den Geist. Sei nicht überrascht, dass ich sagte, man muss wiedergeboren werden. So wie er will, weht der Wind, im Rauschen vernimmst du ihn, doch weißt nicht, woher und wohin. So sind die Geborenen im Geist.
Turba [Gloria]	Ehre sei dem Vater und dem Sohn und dem Heiligen Geist, wie es war im Anfang, jetzt und immerdar und von Ewigkeit zu Ewigkeit. Amen.
Kirchenlied/ **Chor** [Graduale 2.] Hraban Maurus 809, *veni creator* *spiritus* J. W. von Goethe, 1820 EG 126, St. 7,5,4 Strophen für Halleluja und Wochenlied	Darum sei Gott dem Vater Preis, dem Sohne, der vom Tod erstand, dem Paraklet, dem wirkenden von Ewigkeit zu Ewigkeit. Den Feind bedränge, treib' ihn fort, dass uns des Friedens wir erfreun, und so an deiner Führer-Hand dem Schaden überall entgehn. Den Sinnen zünde Lichter an, dem Herzen frohe Muthigkeit, dass wir, im Körper wandelnden, bereit zum Handeln sei'n, zum Kampf.
Ansprache	Die Zeit war gekommen, dass der Kaiser die Bischöfe zum Konzil berief. Denn die Kirche war ein Weib im roten Rock geworden und drei Päpste buhlten mit ihr. Aber sie beschlossen als erstes, dass die Wahrheit sterben sollte.

Choral Rainer Maria Rilke, 1913: *Superavit*	Nie kann ganz die Spur verlaufen einer starken Tat; dies lehrt zu Konstanz der Scheiterhaufen; denn aus tausend Feuertaufen steigt der Hochgeist unversehrt. Bis zu uns her ungeheuer ragt der Reformator Hus, fürchten wir der Lehre Feuer, neigen wir uns doch in scheuer Ehrfurcht vor dem Genius. Der, den das Gericht verdammte, war im Herzen, tief und rein, überzeugt von seinem Amte, - und der hohe Holzstoß flammte seines Ruhmes Strahlenschein.
Arioso Johannes Hus, sterbend, 1415	Herr Jesus Christus, vergib meinen Feinden um deiner Barmherzigkeit willen. Christus, du Sohn des lebendigen Gottes, erbarme dich meiner.

Singspiel
 	
(Volkslied/
Kanzone/
Meistersang)
 	
Text: Preckwitz
	Und es geschah an jenem Sommertag
	im Jahr des Herren Vierzehnhundertzwanzig,
	dass sich im hellen Freiheitskampf zu Prag
	versammelte das Volk, die Wahrheit fand sich
	im wahren Sinn der Schrift:
	    Wo König die Gesetze bricht
	    soll nicht mehr gelten Königs Recht,
	    wo Kirche führt ihr Blutgericht
	    soll nicht mehr gelten Kirchen Recht.
	Das Wort dem Volk: was Mensch und Gott
	                       betrifft,
	verheißen ward ein anderer Vertrag.
	
	Wir alle sind die Priester, wir sind Kirche,
	das geistgewirkte Wort ist mit dem Laien,
	Geschwister die wir sind in Brot und Kelche,
	denn Christ in seinen Zeichen will befreien,
	das sagten Hus und Wyclif:
	
	                                   >>

Wo Kirche sich am Christ versündigt,
da treibt sie falsche Kirchenzucht.
Wo Macht auf falschen Schwüren gründet,
da ist verwirkt ihr Machtanspruch
Das Wort dem Volk: was Mensch und Gott
betrifft,
verbindet uns ein anderer Vertrag.

Das Reich der Geistlichkeit, es bleibe geistlich,
Gewalt und Pfründe nehmt ihr aus den Händen,
das Schwert des Rechtes strafe alle gleich,
nach ihren Sünden – Kaiser, Päpste, Stände.
Wir nehmen es in Angriff:
Wir sind das Volk, der Leib des Herrn,
die Kindschaft gab das Blut des Herrn,
Gesetz sei das Gebot des Herrn,
und alle Macht dem Geist des Herrn.
Das Wort dem Volk: was Mensch und Gott
betrifft,
besteht ab heut ein neuer Volksvertrag.

Rezitativ Schlussformel der *4 Prager Artikel,* 1420 Quelle: Benrath, Gustav Adolf (Hg.), *Wegbereiter der Reformation,* Bremen 1967	Und jedem Bösewicht, der dem entgegensteht und der uns deswegen Widerstand leistet und uns wider Gott von diesem Entschluss abzubringen versucht und um der Verteidigung der evangelischen Wahrheit willen verfolgt, zu welcher ein jeder notwendig verpflichtet ist, dem müssen wir nach evangelischer Berufung auf Grund der Vollmacht des weltlichen Tyrannen und einem grausamen Antichrist Widerstand leisten bis zum letzten.
Arie Jan Žižka, um 1420, Hussiten-Choral *Ktoz jsu bozi boyownici*	Ktož jsú boží bojovníci a zákona jeho, prostež od Boha pomoci a úfajte v něho, že konečně vždycky s ním svítězíte.

Choral Übersetzung: Preckwitz Zur Melodie des Chorals	Krieger, die für Gott ihr streitet um seines Gesetzes, bittet Gott, dass er euch beisteht, bleibt ihm im Bekenntnis, an seiner Seite steht ihr stets als Sieger.
Solisten Zur Melodie des Chorals	Kristusť vám za škody stojí, stokrát viec slibuje, pakli kto proň život složí, věčný mieti bude; blaze každému, ktož na pravdě sende. Tenť pán velíť se nebáti záhubcí tělesných, velíť i život složiti pro lásku svých bližních.
Choral Zur Melodie des Chorals	Also, Schützen, Pikenzingler, und Ritter mit Lanze, Hellebarter, Drischelschwinger, ihr Kreise als Ganzes, seid eingedenk, dass der Herr euch sein Heil schenkt. Jeder weiß jetzt seine Weisung, gedenkt der Vollstreckung, tut, was euch der Hauptmann heißt und Gefährten gebt Deckung. steht in der Einheit, schließt wehrhaft die Reihen.
Turba Zur Melodie des Chorals	Den kecken Feldschrei tönt einher: Ran! Kriegt sie dran! Gereckt die Waffe, die den Händen schmeckt, dröhnt „Gott, du unser Herr."

Singspiel (Volkslied, evtl. rezitativ) Precursor Sebastian Brant, *Narrenschiff,* 1494; Abschnitt: *Eine Vorrede*	Alle Land' sind jetzt voll heiliger Schrift und was der Seelen Heil betrifft: Voll Bibeln, heiliger Väter Lehr' und andrer ähnlicher Bücher mehr. In dem Maß, daß man sich wundern mag, weil Niemand bessert sich danach. Und thut in Sünden blind verharren; all' Gassen und Straßen sind voll Narren.
Arioso Soliloquent: Erasmus Eramus von Rotterdam, *De libero arbitrio,* 1524	Was soll ich tun, wo viele Leute verschiedene Deutungen vorbringen, und jeder, von ihnen schwört, den Geist zu besitzen? Da ferner der Geist nicht ein und denselben Leuten alles eingibt, kann auch der, der den Geist besitzt, irgendwo ausgleiten und sich täuschen.
Singspiel Precursor Sebastian Brant, a.a.O.	Das ist der falschen Propheten Lehr', vor denen sich hüten heißt der Herr, welche anders die Schrift umkehren, als sie der heil'ge Geist thut lehren;
Sec.-Rezitativ Erasmus, aus: Enchiridion, *Handbüchlein des christlichen Streiters,* 1503	Ich meine, dass wir die die mönchische Frömmigkeit überall erkalten, erschlaffen und entschwinden sehen, weil sie im Buchstaben erstarren und nicht nach der geistigen Erkenntnis der Schrift streben. Sie hören Christus nicht, der im Evangelium spricht: Der Geist ist es, der lebendig macht. Genauso wenig vernehmen sie den Apostel Paulus, der seinen Meister ergänzt:

Arie/Kanon (Solisten) Soliloquent Paulus, 2. Kor 3, 6	Denn der Buchstabe tötet, aber der Geist macht lebendig.
Choral Pfingstgesang *veni sancte spiritus,* Berthold von Regensburg († 1272) neu gefasst von Martin Luther, EG 124, Str. 1,4	Nun bitten wir den Heiligen Geist um den rechten Glauben allermeist, dass er uns bewahre an unserm Ende, wenn wir heimfahr´n aus diesem Elende. Kyrieleis. Du wertes Licht, gib uns deinen Schein, lehr uns Jesum Christ kennen allein, daß wir an Ihm bleiben, dem treuen Heiland, der uns bracht hat zum rechten Vaterland. Kyrieleis.
Lesung Soliloquent Erasmus von Rotterdam, *De libero arbitrio*	Ich maße mir weder Lehre noch Heiligkeit, noch vertraue ich meinem Geistbesitz, dennoch möchte ich mit schlichtem Fleiß vorbringen, was meinen Geist bewegt.(...) Zunächst kann nicht geleugnet werden, daß es in der Heiligen Schrift sehr viele Stellen gibt, welche klar den freien Willen des Menschen festzustellen scheinen, und es wiederum in der derselben Heiligen Schrift einige Stellen gibt, welche ihn gänzlich hinweg zu nehmen scheinen. Es ist aber klar, dass die Schrift sich nicht selbst widersprechen kann, wenn sie zur Gänze aus demselben Geist hervorgeht. (...) Weiters fassen wir an dieser Stelle den freien Willen als eine Kraft des Menschlichen Wollens auf, durch die sich der Mensch dem zuwenden, was zum ewigen Heil führt, oder sich davon abkehren könnte.

Singspiel (Volkslied, evtl. Arie) Precursor Sebastian Brant, *Narrenschiff*, Abschnitt 99: *Vom Verfall des Glaubens und des Reiches*	Wenn ich der Säumnis denk und Schande da man jetzt sieht in allem Lande den Christenglauben nehmen ab. Der mindert sich von Tag zu Tag. Als erstes hat der Ketzer Heer zerrissen und zerstört ihn sehr; danach Mohammeds böser Sinn noch weitaus mehr verwüstet ihn; Was man die Großtürkei jetzt nennt, das ist dem Glauben abgetrennt: Byzanz und Alexandria, Jerusalem, Antiochia, die sind der Christenheit geraubt, als nächstes geht es an das Haupt. Wenn so herunter kommt das Reich! Ein gleiches Schicksal trifft bald Euch!
Arioso Soliloquent Ulrich Zwingli, um 1525 Fassung: Friedrich Spitta EG 242	Herr, nun selbst den Wagen halt! Bald abseits geht nun die Fahrt; das brächt Freud dem Widerpart, der dich veracht so freventlich. Gott, erhöh deins Namens Ehr; wehr und straf der bösen Grimm; weck die Schaf mit deiner Stimm, die doch lieb haben inniglich. Hilf, dass alle Bitterkeit scheid, o Herr, und alte Treu wiederkehr und werde neu, dass wir ewig lobsingen dir.
Arie Soliloquent Paulus, Eph 6,10-18 Fassung: Preckwitz	Seid stark in dem Herren und in der Macht seiner Stärke. Im Eifer des Herren umschließt euch mit Rüstung in Gott damit ihr bestehen könnt gegen die Tücke des Teufels, wir kämpfen ja nicht gegen Menschen aus Fleisch und Blut,

hier stehen wir gegen die Zwingherren,
gegen Regime,
der Finsternis Weltenbeherrscher gilt
unser Kampf,
und gegen die Geister des Bösen unter dem
Himmel.
Den Harnisch des Herren ergreift, dass ihr
schlimmeren Tags
obsiegt und nach bestem Gelingen das
Schlachtfeld behauptet.

Steht waffenbereit! Die Lenden umgürtet
mit Wahrheit,
und die Gerechtigkeit schützt euch als Panzer
die Brust,
das Schuhwerk gezurrt, seid bereit, um die
Botschaft des Friedens
zu bahnen. Vor allem den Glauben greift euch
zum Schild,
mit welchem ihr auslöschen könnt
jeden Brandpfeil des Bösen.
Und setzt euch den Helm des Heils auf,
und nehmt euch das Schwert
des Geistes zur Hand, die Waffe, die Gott
mit dem Wort gab.
In Flehen und Bitten so betet im Heiligen Geist,
und tut es stets wachsam, für alle Gesegneten
betet.

Choral

frei nach Martin
Luther, *Erhalt
uns, Herr, bei
deinem Wort*,
um 1541,
EG 193

Fassung:
Preckwitz

Erhalt uns, Herr, bei deinem Wort,
schaff uns die Christenfeinde fort,
für Jesus Christus und das Kreuz,
führ du uns, Gott des Sturmgeläuts.

Zeig deine Macht, Herr Jesus Christ,
Sohn Gottes, der du mit uns bist,
sei unser Trost in aller Not,
weis uns zum Leben nach dem Tod.

Du heilger Geist bist alles wert,
verleih uns deiner Freiheit Schwert,
schützt die verfolgte Christenheit,
dein Wort bestehe in Ewigkeit.

Arie Soliloquent Th. Müntzer PM = *Prager Manifest,* 1521 FP = *Fürstenpredigt,* 1524	Wahr ist es und ich weiß gewiss, dass der Geist Gottes jetzt vielen auserwählten frommen Menschen offenbart, eine unüberwindliche zukünftige Reformation sei von großen Nöten. (PM) Das Volk wird frei werden und Gott will allein der Herr darüber sein. (FP)
Psalm Text: Preckwitz	Herr, lass deinen Heiligen Geist unseren Geist sein. Verleihe die Gnadengaben deinen Gemeinden, denn so sprichst du zu deinen Getreuen: ich habe vor euch eine Tür aufgetan und niemand wird sie wieder verschließen. Dass dir in Gelehrsamkeit diene die Wittenberger Gemeinde, und die Zeugen in Zürich sind wiedergeboren im Geist, und haben auch das Siegel des Bundes in Basel und Straßburg und in den Städten der Täufer, und in den freien Städten des Reiches, und in den Ländern beider Meere. Dem Engel der Gemeinde zu Genf verheißt du die Sendung zu den vier Enden der Erde, damit geheiligt werden die Völker. Der Heiler bist du. Und segnest deine Getreuen mit den Früchten des Heiligen Geistes, und bist ihre Zuflucht in der Verfolgung, alle Tage, und Trost in der Stunde des Todes. Heiligmachender, der du gegeben hast den freien Geist, du machst uns auch im Glauben frei.
Choral Psalm 68 (*Psaume de Bataille*), Genfer Psalter, 1587	Que Dieu se montre seulement, Et l'on verra dans un moment Abandonner la place. Le camp des ennemis épars, Épouvanté de toute part, Fuira devant sa face.

Justes chantez tout d'une voix
Au Dieu des dieux, au Roi des rois,
La louange immortelle,
Car par l'orage il est porté,
Son nom est plein de majesté,
L'Éternel il s'appelle !

Kirchenlied

Solisten
Chor

Ambrosius
Blarer,
Jauchz Erd und Himmel, juble hell, um 1533,
EG 127, St. 4,5,6

ident. Melodie
wie Psalm 68

Komm, Feuer Gottes, Heilger Geist,
erfüll die Herzen allermeist
mit deiner Liebe Brennen.
Von dir allein muss sein gelehrt,
wer sich durch Buß zu Gott bekehrt;
gib himmlisches Erkennen.
Der fleischlich Mensch sich nicht versteht
auf göttlich Ding und irregeht;
in Wahrheit wollst uns leiten
und uns erinnern aller Lehr,
die uns gab Christus, unser Herr,
dass wir sein Reich ausbreiten.

Wie mit dem Vater und dem Sohn
du eins bist in des Himmels Thron
im ewgen Liebesbunde,
also mach uns auch alle eins,
dass sich absondre unser keins,
nimm weg der Trennung Sünde
und halt zusammen Gottes Kind',
die in der Welt zerstreuet sind
durch falsche G'walt und Lehre,
dass sie am Haupt fest halten an,
loben Christus mit jedermann,
suchen allein sein Ehre.

Durch dich besteht der neue Bund,
ohn dich wird Gott niemandem kund,
du neuerst unsre Herzen
und rufst darin dem Vater zu,
schaffst uns viel Fried und große Ruh
und tröstest uns in Schmerzen,
dass uns auch Leiden Ehre ist,
da du durch Lieb gegossen bist
in unser Herz ohn Klage.

	Du leitest uns auf ebnem Weg und führst uns hier den rechten Steg, weckst uns am Jüngsten Tage.
Turba Psalm 68 des anglikanischen Psalter Hymnal *Let god arise* *and by his might* ident. Melodie wie vorige	All nations of the earth, exult, Raise Psalm s of praise to heaven's vault, God's ancient throne and dwelling. God rides his chariot in the height, He thunders forth his royal right; God reigns, all kings excelling. Proclaim the awesome power of God, Make known his might deeds abroad; All Israel shall extol him. For he is powerful and great: All earth and skies are his estate; His majesty excels them.

III GEIST DES LEIDENS – Das 17. Jahrhundert

Motette Gebetslied 1. Teil Text: Preckwitz	Drei Stände stehen, Herr, vor dir. Der erste schickt seine Heere, der zweite heischt Heil im Gebet, dem dritten ergehen Befehle. Drei Länder schwelen, Herr, vor dir. Im ersten brennen die Felder, im zweiten sterben die Städte, dem dritten verzehrt es die Seelen.
Choral / Turba Martin Luther, EG 362, vor 1529	Ein feste Burg ist unser Gott, ein gute Wehr und Waffen. Er hilft uns frei aus aller Not, die uns jetzt hat betroffen. Der alt böse Feind mit Ernst er's jetzt meint; groß Macht und viel List sein grausam Rüstung ist, auf Erd ist nicht seinsgleichen. Mit unsrer Macht ist nichts getan, wir sind gar bald verloren; es streit' für uns der rechte Mann, den Gott hat selbst erkoren. Fragst du, wer der ist? Er heißt Jesus Christ, der Herr Zebaot und ist kein andrer Gott, das Feld muss er behalten.
Weise Balthasar Bidembach, 1578, *Der grimmig Tod* Pavierton, 1525	Kein Mensch auf Erd uns sagen kann, wann wir von hinnen müssen, wann kommt der Tod und klopfet an, so muß man ihm aufschließen. Er nimmt mit G'walt hin Jung und Alt, tut sich vor niemand scheuen. Des Königs Stab bricht er bald ab und führt ihn an, den Reihen.

Aufzug 1

Knochenmann (Secco-Rez.) Perkussion	**König** – Dein´ Hoheit ist Vergangenheit, den Toten wird sich eingereiht.
König (Acc.-Rez. oder Arioso) *Ein schwedisch Lied*, Text 1632, Vers. Preckwitz Melodie: 91. Psalm des Genfer Psalter	Gustavus bin ich und regier das Königreich der Schweden. der Graf von Tilly schwörte mir den Tod in frechen Reden. Ich bin der Löw von Mitternacht, mit dir will ich frisch fechten, ich streite ja mit Gottes Macht, Gott hilft seinem Gerechten.
Knochenmann (Secco-Rez.)	**Bischoff** – Was preist du deine Geistlichkeit - dem Dengelgeist bist du geweiht.
Bischoff (Acc.-Rez. oder Arioso) Paul Gerhardt, *Zeuch ein zu deinen Toren,* 1653, Melodie: EG 133	Gib Freudigkeit und Stärke, zu stehen in dem Streit, den Satans Reich und Werke uns täglich anerbeut, hilf kämpfen ritterlich, damit wir überwinden und ja zum Dienst der Sünden kein Christ ergebe sich.
Knochenmann (Secco-Rez.)	**Zunftherr** – Man hört dich künden: Geld kauft Zeit. Kein Stündlein dir im Beutel bleibt.
Zunftherr (Acc.-Rez. oder Arioso) *Schnitterlied,* 1638, Strophe nach Clemens Brentano, 1806	Des Frühlings Schatz und Waffensaal ihr Kronen, Zepter ohne Zahl, ihr Schwerter und Pfeile, ihr Speere und Keile, ihr Helme und Fahnen unzähliger Ahnen, müßt in den Kranz hinein.

Aufzug 2	
Knochenmann (Secco-Rez.)	**Ritter** – Fahr hin in deinem Waffenkleid, Gevatter ruft zum Fahneneid.
Ritter (Acc.-Rez. oder Arioso) *Ein schwedisch* *Lied,* s.o.	Was, Tilly hast du Ruhm davon, dass Magdeburg vernichtet, pfui Deibel, sei dein Spott und Hohn, vor mir bist du geflüchtet. Der Gott im Himmel lachet dein, sein Wort wird ewig bleiben. Und alle Götzendienereien mit deinem Pack vertreiben.
Knochenmann (Secco-Rez.)	**Nonne** – Dein´s Heilands Hochzeit ist nicht weit, sei nun dem Hein gebenedeit.
Nonne (Acc.-Rez. oder Arioso) Paul Gerhardt, EG 133	Du bist ein Geist der Freuden, willst unser Trauern nicht, erleuchtest uns im Leiden mit deines Trostes Licht. Ach ja, wie manches Mal hast du mit süßen Worten mir aufgetan die Pforten zum goldnen Freudensaal.
Knochenmann (Secco-Rez.)	**Landfrau** – Die Ähre reift zur Erntezeit, ein Schnitter schleift und prüft die Schneid´.
Landfrau (Acc.-Rez. oder Arioso) *Schnitterlied,* s.o.	Viel hundert tausend ungezählt, was nur unter die Sichel fällt: ihr Rosen, ihr Liljen, euch wird er austilgen. Auch die Kaiser-Kronen, wird er nicht verschonen. Hüte dich schöns Blümelein!

Motette Gebetslied 2. Teil Text: Preckwitz	Drei Frauen sterben vor dir, Herr. Der ersten kann keiner mehr helfen, die zweite seit gestern geschändet, die dritte trägt schwer an der Pest. Drei Männer gehen zu dir, Herr. Den ersten hetzt man durchs Gehege, der zweite fällt mit der Ernte, den dritten holt Krieg ins Gewerk.

Aufzug 3

Knochenmann (Secco-Rez.)	**Landsknecht** – Stehst in der Linie Seit an Seit, der Mörser gleich sein Eisen speit.
Landsknecht (Acc.-Rez. oder Arioso) *Ein schwedisch Lied*, s.o.	Graf Tilly, alter Pfaffenknecht du alter Nonnen-Bruder, Versemmelt hast du das Gefecht bei Frankfurt an der Oder! Du päpstlicher Pantoffelheld, jetzt lern den Schweden kennen. Der Krieger steht den Mann im Feld, du Plünderer lässt brennen.
Knochenmann (Secco-Rez.)	**Amme** – Zum Stillen hältst du Milch bereit, der Tilger sie sich einverleibt.
Amme (Acc.-Rez. oder Arioso) Paul Gerhardt, s.o.	Ach, edle Friedensquelle, schleuß deinen Abgrund auf und gib dem Frieden schnelle hier wieder seinen Lauf. Halt ein die große Flut, die Flut, die eingerissen so, daß man siehet fließen, wie Wasser, Menschenblut.

Knochenmann (Secco-Rez.)	**Jungfrau** – Glüh nur in deiner Lieblichkeit - kalt Klapperbein hat dich gefreit.
Jungfrau (Acc.-Rez. oder Arioso) *Schnitterlied,* s.o.	Das himmelfarbe Ehrenpreis, die Tulipanen gelb und weiß, die silbernen Glocken, die goldenen Flocken, senkt alles zur Erden, was wird daraus werden? Hüte dich schöns Blümelein!

Aufzug 4

Knochenmann (Secco-Rez.)	**Gaukler** – Du Springebein im Narrenkleid, dein Spiegel schon den Schädel zeigt.
Gaukler (Acc.-Rez. oder Arioso) *Ein schwedisch Lied,* s.o.	Gottlob, nun hast du eingebüßt zu Leipzig auf dem Plane, was an Geschützen du gerüst und alle deine Fahnen. Du, Tilly, alter Christenfeind, komm her, mich zu befehden! Du fährst ins Kupferbergwerk ein, denn ich schick dich nach Schweden!
Knochenmann (Secco-Rez.)	**Glöckner** – So hört man dich tagaus, landein dröhnt nun das Totenglöckelein.
Glöckner (Acc.-Rez. oder Arioso) Paul Gerhardt, s.o	Dem Herzleid auf der Erd, bring wieder und erneuere die Wohlfahrt deiner Herd! Laß blühen wie zuvorn die Länder, so verheeret, die Kirchen, so zerstöret durch Krieg und Feuerszorn.

Knochenmann (Secco-Rez.)	**Spielmann** – Sing nur von der Vergänglichkeit, was sonst von deinen Versen bleibt.
Spielmann (Acc.-Rez. oder Arioso) Melodie: Pavierton, 1525 Text: Balthasar Bidembach, 1578 Gesamt: um 1604, erstmals gedruckt im Paderborner Gesangbuch 1617	Der grimmig Tod mit seinem Pfeil tut nach dem Leben zielen. Sein Bogen schießt er ab mit Eil und läßt nicht mit sich spielen Das Leben schwindt wie Rauch im Wind, kein Fleisch mag ihm entrinnen. kein Gut noch Schatz findt bei ihm Platz: du mußt mit ihm von hinnen. Der dieses Liedlein hat gemacht, von neuem hat gesungen, der hat gar oft den Tod betracht' und letztlich mit ihm gerungen. Liegt jetzt im Hohl, es tut ihm wohl, tief in der Erd geborgen. Sieh auf dein Sach, du mußt hernach. es sei heut oder morgen.
Motette Gebetslied 3. Teil Text: Preckwitz	Drei Feldherren fechten für dich, Herr. Dem ersten zerschmettere die Schenkel, den zweiten streck nieder mit Blei, der dritte verrecke am Speer. Drei Zepter herrschen, Herr, durch dich. Das erste sollst du verwerfen, das zweite sollst du zerbrechen, am dritten errette die Welt.
Choral Johann Walter, 1561, EG 145 Str. 1, 18, 2, 24	Wach auf, wach auf, du deutsches Land! Du hast genug geschlafen, bedenk was Gott an dich gewandt, wozu er dich erschaffen. Bedenk was Gott dir hat gesandt und dir vertraut sein höchstes Pfand, drum magst du wohl aufwachen

Solo	Die Wahrheit wird jetzt unterdrückt, will niemand Wahrheit hören; die Lüge wird gar fein geschmückt, man hilft ihr oft mit Schwören; dadurch wird Gottes Wort veracht', die Wahrheit höhnisch auch verlacht, die Lüge tut man ehren.
Chor	Gott hat dich, deutsches Volk, geehrt mit seinem Wort der Gnaden. Ein großes Licht dir auch beschert, und hat dich lassen laden zu seinem Reich, welchs ewig ist, dazu du denn geladen bist, will heilen deinen Schaden.
Turba	So helfe Gott uns allen gleich, daß wir von Sünden lassen, und führe uns zu seinem Reich, daß wir das Unrecht hassen. Herr Jesu Christe, hilf uns nu' und gib uns deinen Geist dazu, daß wir dein Warnung fassen.

IV GEIST DER GEMEINDE – Das 18. Jahrhundert

Arie Text: Preckwitz	Komm und wirke in uns, Heiliger Geist, Geheimnis allen Seins, du selbstbewirkte und alles bewirkende Kraft, denn du bist die Wirklichkeit Gottes. Bleibe in uns, Heiliger Geist, Bewirker des Wortes und des Glaubens, denn du bist seit allem Anfang die Wirksamkeit Gottes. Wirke dein Werk an uns, Heiliger Geist, und habe an uns dein Wohlgefallen, begnade und begabe uns, denn deine Gaben sind Gottes Verwirklichung an den Menschen. Sei mit uns, Heiliger Geist, in allen Diensten und Taten deiner Gemeinde, und in dem Zeugnis deiner Zeichen sei unser Geist jetzt und in Ewigkeit.

Rezitativ /
Lesung
 	
Nach Lukas,
Apg 2, 1-12
 	
Text: Preckwitz
	Als sie am Tag zu Pfingsten sich
	                        versammelt hatten,
	erfüllte sie der Heilige Geist und sie begannen
	in allen Zungen zu bezeugen, was er eingab.
	Das zog die Masse an, die konnte es
	                        nicht fassen:
	Ein jeder von uns hört sie in der eigenen
	                        Sprache!
	Als wären sie aus Persien, Medien oder Elam,
	aus Mesopotamien, Judäa, Kappadokien,
	sie klingen so wie wir, die wir vom
	                    Schwarzmeer stammen,
	und aus der Landschaft Asien, aus Phrygien
	                    und Pamphylien,
	Ägypten, und noch von den Sirten Libyens,
	aus Rom sogar, uns Juden samt
	                    den Hintersassen,
	die Kreter und Araber mal nicht zu vergessen –
	uns allen predigen sie Gottes große Taten!
	Was hat das zu bedeuten? Mensch,
	                    was geschieht hier gerade?

Rezitativ Soliloquent: Paulus 1. Kor 2, 10 ff (paraphrasiert) und 2. Kor 3, 17	Uns hat Gott offenbart durch seinen Geist. Denn der Geist erforscht alle Dinge, ja auch die Tiefe der Gottheit. Denn wir haben empfangen den Geist aus Gott, also reden wir nicht mit Worten, welche menschliche Weisheit lehren kann, sondern mit Worten, die der heilige Geist lehrt. (…) Denn der Herr aber ist der Geist, und wo der Geist des Herrn wirkt, da ist Freiheit.

Gospel/Motette
 	
Chor /
Gemeinde
 	
Nach dem
amerikanischen
Shaker-Lied
„Little Gifts"
von Joseph
Brackett. 1848
 	
Text: Preckwitz
	In der Stadt auf dem Berge kam der Geist über sie,
	wiegte Tausende in Wort und Melodie,
	und Petrus sprach zum Volk, es erfüllt sich heut,
	was Joel vom Tage des Herren bezeugt:
	    Freut euch der segensreichen Zeit,
	    auf alle ergießt sich der Heilige Geist,
	    und fließt, fließt, zu eurem Geleit,
	    damit alle Welt seine Wahrheit preist.
	
	Seines Wegs nach Damaskus stürzte Paulus hin,
	hatte Steinigung und Christenjagd im Sinn,
	da sprach zu ihm ein Gleißen, was verfolgst du mich,
	du löckst mir gegen den Stachel nicht.
	    Lass dich des Besseren belehren
	    und kehre die Seele hin zum Herrn
	    und geh, geh, hinaus in die Welt
	    wohin Jesus Christ seinen Diener stellt.
	
	Und sie blieben im Glauben auch bei Wasser und
	                                 Brot
	teilten Taufe, Bann und sorgenschwere Not,
	und aus dem Opfergang führte ihre Flucht
	aufs Weltmeer zu Gottes verheißener Bucht.
	    Zieht einen neuen Menschen an,
	    in Weisheit zur Freiheit soll singen der Mund,
	    und zieht, zieht ins neue Kanaan,
	    der Herr schließt mit euch seinen neuen Bund.

Rezitativ Paulus, 1. Kor 12 Musik: Perkussion	Es sind verschiedene Gaben; aber es ist ein Geist. Und es sind verschiedene Amtskräfte aber es ist ein Herr. >>

	Es sind verschiedene Kräfte; aber es ist ein Gott, der in allen das Ganze bewirkt. In jedem offenbaren sich die Geistesgaben zum Nutzen aller; dem einen wird durch den Geist gegeben, von der Weisheit zu reden; dem andern, von der Erkenntnis zu reden, nach demselben Geist; einem weiteren der Glaube, im selben Geist; einem anderen die Gabe, gesund zu machen, in dem einen Geist; einem anderen die Kraft, Wunder zu tun; einem anderen der Weissagungsgeist; einem anderen die Gabe, die Geister zu unterscheiden; einem anderen das heilige Stammeln; einem anderen die Gabe, es auszulegen. Dies alles aber wirkt ein-und-derselbe Geist und teilt einem jeden das Seine zu, ganz wie er will.
Segen	Der euch gegeben hat den heiligen Geist, der macht euch auch im Glauben frei.
Gospel/Turba Chor und Gemeinde Text: Friedrich Spitta, 1827/33 EG 136, Verse 1,7,4,2, (1) Alt/Bass (7) Gemeinde (4) Sopr./Tenor (2) Turba	O komm, du Geist der Wahrheit, und kehre bei uns ein, verbreite Licht und Klarheit, verbanne Trug und Schein. Gieß aus dein heilig Feuer, rühr Herz und Lippen an, dass jeglicher getreuer den Herrn bekennen kann. Du Heilger Geist, bereite ein Pfingstfest nah und fern; mit deiner Kraft begleite das Zeugnis von dem Herrn. O öffne du die Herzen der Welt und uns den Mund, daß wir in Freud und Schmerzen das Heil ihr machen kund.

>>

Es gilt ein frei Geständnis
in dieser unsrer Zeit,
ein offenes Bekenntnis
bei allem Widerstreit,
trotz aller Feinde Toben,
trotz allem Heidentum
zu preisen und zu loben
das Evangelium.

O du, den unser größter
Regent uns zugesagt:
komm zu uns, werter Tröster,
und mach uns unverzagt.
Gib uns in dieser schlaffen
und glaubensarmen Zeit
die scharf geschliffnen Waffen
der ersten Christenheit.

Bemerkungen zum Werk

Protestantische Passion. Das Libretto für ein Passionsoratorium über den Protestantismus entstand im Vorlauf des 500. Erinnerungsjahres der deutschen Reformation. Es spiegelt drei Jahrhunderte Kämpfe zwischen protestantischer Reformation und katholischer Gegenreformation, von den Hussiten am Anfang des 15. Jahrhunderts, über den Schmalkaldischen und Dreißigjährigen Krieg, die Hugenottenkriege und Puritanerverfolgung bis zur letztmaligen Exilierung von Protestanten aus Österreich noch Anfang des 18. Jahrhunderts, aber auch innerprotestantische Konflikte wie die Täuferverfolgung durch Lutheraner und Reformierte.

*

Solus Spiritus. Die Adventszeit kennt ihre Weihnachtsoratorien, die Osterzeit ihre Passionsspiele. Dieses pentekostalische Oratorium feiert den dritten und aus charismatischer Sicht zukunftsweisenden Feiertag der Christenheit: Pfingsten.

*

Prämisse. Der euch gegeben hat den freien Geist, der macht euch auch im Glauben frei.

*

„Was Katholiken Lutheraner Zwinglianer Kalvinisten Methodisten Böhmianer und Zinzendorfianer und wie die verschiedenen Namen weiter lauten mögen, die doch alle in dem Einen Namen Jesus Christus selig zu werden hoffen, in einem Sinn worin alle Eins sind, Gottseliges und Christliches gesungen und geklungen haben, das sollte dieses christliche Gesangbuch enthalten und allen Christen zur Erquickung und Erbauung übergeben."
Ernst Moritz Arndt, Von dem Wort und dem Kirchenliede, 1819

*

Das Werk ist eine symbolische Weihrauchgabe an der Krippe des deutschen Oratoriums: seinen Komponisten Praetorius, Reincken, Mattheson, Keiser, Telemann, Bach sowie Librettisten Hunold, Brockes, König, Ramler, Klopstock. Dem Hamburger Kantorat.

*

„Den 6ten April ward eine Passion im Zuchthause gesungen, worüber sich viele Leute Scandalisieret weil viele Frauen geblößet aus der Opera mitsungen und ein rechtes Theatrum dazu auffgeschlagen war". Aus: Der *Alten Weitberühmten Stadt Hamburg Chronica* vom April 1705 über die Uraufführung des Passionsoratoriums *Der blutige und sterbende Jesus* von Christian Friedrich Hunold alias Menantes (T.) und Reinhard Keiser (M.).

*

Libretto. Der Oratorientext knüpft an Vorbilder protestantischen Kulturschaffens an, darunter das Passionsoratorium, die oratorische Passion und das Passionspasticcio. Seine Wurzeln reichen zurück bis zum protestantischen Schuldrama und dem geistlichen Spiel des Frühmittelalters.

*

Bei Abschluss des Librettos entdeckte ich die katholischen Konzepte der „Dramatischen Theologie" (Hans Urs von Balthasar, Raymund Schwager) und der Pneumadramatik (Andrea Schäfer) - die ich beide in meiner protestantischen Textvorlage verwirklicht fand. Es spricht für den Heiligen Geist, dass Menschen zu unterschiedlichen Zeiten, an entfernten Orten und mit unterschiedlichem Hintergrund und Wissensstand zu den gleichen Ergebnissen gelangen.

*

Als Erweiterung barocker Oratorien, die rein biblische Geschichten verwenden, greift die Protestantische Passion zusätzlich auf Texte von Reformatoren und Humanisten zurück. Dafür werden religiös bestimmte Textsorten (Psalm, Kirchenlied, Epistel, Predigt) mit weltlichen Textensorten (Meistersang, Volksbuch, Denkschrift) verbunden und von neuen lyrischen Texten eingefasst.

*

Ganz in der Oratorientradition beinhaltet das Libretto Rezitative, Arien, Choräle, Soliloquien und Turbae. Auf einen der lateinischen Messe nachempfundenen Beginn folgen volksreligiöse Formen, bis hin zu einem freien charismatisch-pentekostalischen Ausklang. Insofern kann auch die musikalische Umsetzung aus dem gesamten musikalischen Erbe schöpfen, vom gregorianischen Choral bis zum Gospel, vom Kontrapunkt bis zur modernen perkussiven Musik.

*

Gemeinde-Oratorium. Als entscheidende Änderung gegenüber den Oratorien früherer Zeit kann die Aufführung ganz oder in Teilen auch schon von kleinen Gemeinde geleistet werden. Das Oratorium enthält viele Aufführungselemente, mit denen das Publikum selbst zum aktiven Teil der Passion wird. Bekannte Melodien erleichtern die Singbarkeit, Überleitungen und Neukompositionen bleiben im Rahmen. Eigene Texte und Vertonungen können entsprechend der jeweiligen Konfession oder Denomination eingebracht werden.

*

Das Stück ist der Ausdruck eines bewussten Kulturprotestantismus. Ein Zeichen gegen die seelische Leere, mit der Gesellschaft und Kirchen die Jahrtausende des eigenen Kulturerbes für das Linsengericht kulturwidriger Globalisierung zu opfern bereit sind.

*

Das Passionsoratorium entfaltet sich dramatisch-sinfonisch in vier Teilen: Gewissheit – Freiheit – Leiden – Gemeinde.

*

Geist der Gewissheit. Der erste Teil der Passion bezieht sich auf das 15. Jahrhundert (ca. 1420-1450). Die Struktur des Librettos nimmt als symbolische Form die Liturgie der Messe auf. Der Geistmystik der antiken und frühmittelalterlichen Kirche, dargestellt mit liturgischen Texten, wird die charismatische Reformationslehre der Hussiten zur Seite gestellt. Das neue Glaubensverständnis wird in den Gegebenheiten der Zeit zu einer politischen Botschaft und Kampfmoral.

*

Geist der Freiheit. Der zweite Teil der Passion spiegelt die Reformation in den ersten Jahrzehnten des 16. Jahrhunderts (ca. 1520-1550). Als symbolische Formen werden die theologische Disputation und das protestantische Schuldrama jener Zeit aufgegriffen. Kurz angerissen werden die Konflikte zwischen Erasmus von Rotterdam und Martin Luther sowie zwischen Luther und Thomas Müntzer. Im Stil eines Passionspasticcio werden auch weltliche Texte des Humanismus zitiert. In der historischen Kulisse zeichnen sich die Täuferverfolgung, die Türkengefahr und die Hugenottenkriege ab. Den krönenden Schluss bildet der „Kampfpsalm" der Hugenotten, der für das globalen Ausgreifen der Reformationsbewegung steht.

*

Geist des Leidens. Im dritten Teil rücken die politischen Verhältnisse in den Focus, die den Dreißigjährigen Religionskrieg in der ersten Hälfte des 17. Jahrhunderts befeuern und zu millionenfachem Tod und Leid führen (ca. 1620-1650). Als symbolische Form greift der Text auf den mittelalterlichen Totentanz zurück. Moralitäten, Mysterienspiel und Welttheater stehen Pate. Die Struktur folgt einem gemischten Singspiel, in dem Kirchenlied, Landsknechtlied und Volkslied nach einem Montageprinzip verkoppelt sind. Ein großer (wenngleich zur Lutherzeit entstandener) Choral von Johann Walter versinnbildlicht die Auferstehung Deutschlands entsprechend der ebenso politischen wie religiös-chiliastischen Idee des Reiches.

*

Geist der Gemeinde. Der vierte Teil weitet den Blick von Europa über den Atlantik in die neue Welt. Zu Anfang des 18 Jahrhunderts vollziehen sich die letzten Vertreibungen von Protestanten aus dem Österreich Maria Theresias und von Waldensergruppen aus Piemont. Statt äußerem Kampf rückt nun das innerseelische Erleben in den Vordergrund. Der Pietismus entsteht. Die englischen Kolonien in Amerika werden zur Glaubensheimat für ein ganzes Mosaik evangelisch geprägter Konfessionen und Denominationen. Dieser vierte Teil der Passion ist als offenes Pasticcio gestaltet und gibt jeder Gemeinde die Möglichkeit, eine eigene charismatische und vom Pfingstgeist inspirierte Textgrundlage zu entwickeln.

*

Die erste Ideenskizze zu der Protestantischen Passion reicht zurück in den Sommer des Jahres 2013. Zwischen 2014 und 2015 entstanden aus umfangreichen Recherchen die ersten größeren Textpassagen. Eine letzte Überarbeitung erfolgte ab Herbst 2016 und den folgenden Wintermonaten bis Anfang 2017. Zeitgleich entstand in diesen Jahren zur eigenen geistigen Vertiefung der ebenfalls in diesem Band enthaltene Essay „KERYGMA Über den Heiligen Geist".

*

Danksagung. Ich danke meiner Familie und den gläubigen Vordenkern für die Hinführung und die Begeisterung für das Thema. Ermöglicht wurde mir die Arbeit durch Literaturstipendien als Stadtschreiber der Stadt Otterndorf 2013 und der Stadt Dresden 2014.

*

2013, Otterndorf. Die Kirche St. Severi - einer jener stolzen „Dome" im freien Bauernland des deutschen Nordens. Wo von den Decken der Kirchen hochmastige Schiffsmodelle im lutherischen Vollgeläut schweben, sind es klingende Namen wie *Buxtehude* und *Lübeck,* die nicht nur malerische Städte benennen, sondern schicksalhafterweise auch die Namen bedeutender Komponisten der Norddeutschen Orgelschule sind. Im nördlichen Elbland zwei weitere herrliche Gotteshäuser: St. Bartholomäus in Wilster und St. Michaelis in Hamburg – vom Architekten Sonnin entworfen. Schwingende weiße Galerien und Emporen, klare Butzenscheiben, so gleichen diese Kirchen den Heckaufbauten von Galeonen und Fregatten, die Fahrt aufnehmen um das Evangelium in alle Welt zu bringen.

*

2014, Dresden. Wunder der wiedererstandenen Frauenkirche, diese in den Himmel sich aufwölbende Hagia Sophia des barocken Protestantismus. Ich unternahm dort eine Seelenreise durch die Gemeinden. Dresden – der Gottesdienst der Reformierten in einer Kasematte des alten Festungswalls, ein Ort, an dem sich die Kerkerschicksale verfolgter Hugenotten nachempfinden lassen. Dresden – die charismatischen Gemeinden der Baptisten und anderer Freikirchen mit der Direktheit amerikanischer Fernsehgottesdienste. Dresden – die zu Herzen gehende Einfachheit einer Gartenhaus-kapelle der Herrnhuter mit ihren schlichten weißen Holzstühlen – und der Geist versetzt sich nach Germantown, Pennsylvania.

*

Seelenlandschaft. Meine Faszination für den Protestantismus begann im Jahre 2005. In einer Zeitschrift war mir das Bild einer Klosterkirche begegnet, die sich, eingebettet in ein sanft gebogenes Flusstal, leuchtend vor dem Hintergrund bewaldeter Berghänge abhob. Der Eindruck war so stark, ließ so sehr die Religionsästhetik der Romantik nachempfinden, dass ich mich auf die Suche machte: Es war das an der Oberweser gelegene Kloster Bursfelde, das ich einige Zeit später zu einem Klostertag besuchte. In einer Ansprache an jenem Tag begegnete mir eine Redewendung, die den Geist des Ortes auf vollkommene Weise beschreibt und die mir seither immer vor Augen und Geist steht: *Tiefe von Zeit und Raum.*

*

Die Weser durchzieht einen einzigartigen Kulturraum christlicher Spiritualität. Etwas flussab vom romanischen Bursfelde, am steilen Hang des sagenumwobenen Reinhardswaldes liegen *Gottstreu* und *Gewissenruh*, von Waldensern gegründete Dörfer mit ihren genügsamen Kapellen. Einige Flusschleifen weiter liegt schon das von Hugenotten erbaute Bad Karlshafen – in der anheimelnden Formensprache reformierter Geistlichkeit. Es folgt die gebietende Abtei von Corvey mit ihrem gewaltigen karolingischen Westwerk, das den Beginn der Christianisierung in diesem Landstrich verkündet. Die Sinne reisen vorbei an sanften Weserbögen und klippengesäumten Berghängen, hinter denen sich auch ein orthodoxes Dreifaltigkeitskloster verbirgt – da erscheint auf einmal das Dorf Hehlen mit seiner Immanuel-Kirche. Nie hätte ich ein solches Schmuckstück hier vermutet, eine der allerersten protestantischen Zentralbaukirchen Deutschlands, erbaut von kunstsinnigem Patronatsadel. Man könnte nun der Weser in den Norden folgen, am ottonischen Dom von Minden vorbei zum gotischen Dom in Bremen… ich nehme den Pilgerweg Loccum-Volkenroda am östlichen Weserufer und halte innere Einkehr in der berührend schönen Stiftskirche zu Fischbeck. In dieser Gegend warfen germanische Stämme die Römer zurück, hier hielten die Sachsen am längsten gegen die Franken stand. In Sichtweite liegt Hessisch-Oldendorf, wo es der protestantischen Seite gelang, im Dreißigjährigen Krieg einen Sieg zu erringen. Seelenlandschaft.

*

Tiefe von Zeit und Raum. Hier ist das Deutschland, das ich liebe, ganz bei sich selbst.

***

Anhang

Nachfolgend diejenigen Lieder und Gedichte,
die in dem Libretto auszugsweise enthalten sind.

- Ballade vom Prager Juli
- Hussiten-Choral
- Erhalt uns, Herr
- Gebetslied
- Totentanz
- Lied aus der Neuen Welt
- Alternative Aufzüge zu Teil III. des Oratoriums
- Ein Schwedisch Lied
- Sebastian Brant: Vom Verfall des Glaubens
  und des Reiches (aus: Das Narrenschiff)

Ballade vom Prager Juli

Und es geschah an jenem Sommertag
im Jahr des Herren Vierzehnhundertzwanzig
dass sich im hellen Freiheitskampf zu Prag
versammelte das Volk, die Wahrheit fand sich
im wahren Sinn der Schrift:
  Wo König die Gesetze bricht
  soll nicht mehr gelten Königs Recht,
  wo Kirche führt ihr Blutgericht
  soll nicht mehr gelten Kirchen Recht.
Das Wort dem Volk: was Mensch und Gott betrifft
verheißen ward ein anderer Vertrag.

Wir alle sind die Priester, wir sind Kirche,
das geistgewirkte Wort ist mit dem Laien,
Geschwister, die wir sind, in Brot und Kelche,
denn Christ in seinen Zeichen will befreien,
das sagten Hus und Wyclif.
  Wo Kirche sich am Christ versündigt,
  da treibt sie falsche Kirchenzucht.
  Wo Macht auf falschen Schwüren gründet,
  da ist verwirkt ihr Machtanspruch
Die Stadt dem Wort: was Mensch und Gott betrifft,
verbindet uns ein anderer Vertrag.

Das Reich der Geistlichkeit, es bleibe geistlich,
Gewalt und Pfründe nehmt ihr aus den Händen
das Schwert des Rechtes strafe alle gleich,
nach ihren Sünden – Kaiser, Päpste, Stände!
Wir nehmen es in Angriff:
  Wir sind das Volk, der Leib des Herrn,
  die Kindschaft gab das Blut des Herrn,
  Gesetz sei das Gebot des Herrn,
  und alle Macht dem Geist des Herrn.
Das Land dem Volk: was Mensch und Reich betrifft,
besteht an heut ein neuer Volksvertrag.

Hussiten-Choral

Krieger, die für Gott ihr streitet
um seines Gesetzes,
bittet Gott, dass er euch beisteht,
bleibt ihm im Bekenntnis,
an seiner Seite steht ihr stets als Sieger.

Christus als der Opferwerte
bürgt hundertfach Segen,
wer für ihn stirbt, dem gewährt er
das ewige Leben.
Selig ist jeder, der fällt für die Wahrheit.

Der Herr gebietet: fürchtet nicht
leibliche Sterblichkeit;
es ist der Nächstenliebe Pflicht,
dass sie ihr Leben weiht.

Also, Schützen, Pikenzingler,
und Ritter mit Lanze,
Hellebarter, Drischelschwinger,
ihr Kreise als Ganzes,
seid eingedenk, dass der Herr euch sein Heil schenkt.

Achtet nicht der Feinde Dräuen,
bangt nicht ihrer Menge.
Tragt den Herren, als Getreue,
im Herz durchs Gedränge.
Vor keinem Feinde sollt ihr jemals scheuen.

Die Tschechen haben allezeit
sprechend das Wort bezeugt:
Mit gutem Herren in der Hut
wird auch die Kundfahrt gut.

Leichte Mannen, Landsknechtleute,
ermahnt eure Seelen,
sonst ist es aus Gier nach Beute
ums Leben geschehen.
Niemals vertündeln sollt ihr euch mit Plündern.

Jeder weiß jetzt seine Weisung,
gedenkt der Vollstreckung,
tut, was euch der Hauptmann heißt und
Gefährten gebt Deckung.
bleibt in der Einheit, schließt wehrhaft die Reihen.

Den kecken Feldschrei tönt einher:
Ran! Kriegt sie dran! Gereckt
die Waffe, die den Händen schmeckt,
dröhnt „Gott, du unser Herr.“

***

Hussiten-Choral „Ktož jsú boží bojovníci“ von Jan Žižka,
1420. Eigene Übersetzung aus dem Tschechischen.

Erhalt uns, Herr

Erhalt uns, Herr, bei deinem Wort,
schaff alle Christenfeinde fort,
für Jesus Christus und das Kreuz,
führ du uns, Gott des Sturmgeläuts.

Zeig deine Macht, Herr Jesus Christ,
Sohn Gottes, der du mit uns bist,
sei unser Trost in aller Not,
weis uns zum Leben nach dem Tod.

Du heilger Geist bist alles wert,
verleih uns deiner Freiheit Schwert,
schützt die verfolgte Christenheit,
dein Wort bestehe in Ewigkeit.

***

Paraphrase auf den Choral Martin Luthers

Gebetslied

Drei Stände stehen
Herr, vor dir.
Der erste schickt seine Heere,
der zweite heischt Heil im Gebet,
dem dritten ergehen Befehle.

Drei Länder schwelen
Herr, vor dir.
Im ersten brennen die Felder,
im zweiten sterben die Städte,
dem dritten verzehrt es die Seelen.

Drei Männer gehen
zu dir, Herr.
Den ersten hetzt man durchs Gehege,
der zweite fällt mit der Ernte,
den dritten holt Krieg ins Gewerk.

Drei Frauen sterben
vor dir, Herr.
Der ersten kann keiner mehr helfen,
die zweite seit gestern geschändet,
die dritte trägt schwer an der Pest.

Drei Feldherren fechten
für dich, Herr.
Dem ersten zerschmettre die Schenkel,
den zweiten streck nieder mit Blei,
der dritte verrecke am Speer.

Drei Zepter herrschen,
Herr, durch dich.
Das erste sollst du verwerfen,
das zweite sollst du zerbrechen,
am dritten errette die Welt.

Totentanz

König – Dein´ Hoheit ist Vergangenheit,
den Toten wird sich eingereiht.

Bischof – Was preist du deine Geistlichkeit,
dem Dengelgeist bist du geweiht.

Fürstin – Dein Blut vor Ebenbürtigkeit
gerinnt zur Ebensterblichkeit.

Ritter – Fahr hin in deinem Waffenkleid,
Gevatter ruft zum Fahneneid.

Zunftherr – Man hört dich künden, Geld ist Zeit,
kein Stündlein dir im Beutel bleibt.

Äbtin – Tanz, Blüte der Barmherzigkeit,
Gerippe bleibt vom welken Kleid.

Hauptmann – Was rühmst du deine Tapferkeit,
ins Feuer mach dich marschbereit.

Lehrer – Du „Meister der Gelehrsamkeit"…
wen schert es, was dein Grabstein schreibt.

Nonne – Dein´s Heilands Hochzeit ist nicht weit,
sei nun dem Hein gebenedeit.

Fuhrmann – Auf schnellem Weg dahin geeilt,
holt dich der Graben vor der Zeit.

Feldarzt – Bleib nur bei deinen Arzeneien,
die Säge frißt auch dein Gebein.

Jungfrau – Glüh nur in deiner Lieblichkeit -
Kalt-Klapperbein hat dich gefreit.

Landsknecht – Stehst in der Linie Seit an Seit,
der Mörser gleich sein Eisen speit.

Seemann – Wiegst dich in Schiffes Tüchtigkeit,
ein nasses Grab liegt euch bereit.

Landfrau – Die Ähre reift zur Erntezeit,
ein Schnitter schleift und prüft die Schneid.

Gießer – Zur Schlacke geht die Arbeitszeit,
im Tanz man deine Asche streut.

Pfarrer – Das Lämmlein zogst du von der Weid…
vom Rest der Gottesacker schweigt.

Amme – Zum Stillen hältst du Milch bereit,
der Tilger sie sich einverleibt.

Gastwirt – Was schielst du nach der Rebenzeit –
der Bittere das Glas dir neigt.

Drucker – Die allerletzte Neuigkeit
hat Sensenmann dir angezeigt.

Glöckner – So hört man dich, tagaus, landein
dröhnt nun das Totenglöckelein.

Gaukler – Du Springebein im Narrenkleid,
dein Spiegel schon den Schädel zeigt.

Klausner – Hast dich vor lauter Heiligkeit
zum Knochenmanne abkasteit.

Spielmann – Sing nur von der Vergänglichkeit,
was sonst von deinen Versen bleibt.

Lied aus der neuen Welt

In der Stadt auf dem Berge kam der Geist über sie,
wiegte Tausende in Wort und Melodie,
und Petrus sprach zum Volke, es erfüllt sich heut,
was Joel vom Tage des Herren bezeugt:
Freut euch der segensreichen Zeit,
auf alle ergießt sich der Heilige Geist,
und fließt, fließt, zu eurem Geleit,
damit alle Welt seine Wahrheit preist.

Seines Wegs nach Damaskus stürzte Paulus hin,
hatte Steinigung und Christenjagd im Sinn,
da sprach zu ihm ein Gleißen, was verfolgst du mich,
du löckst mir gegen den Stachel nicht.
Lass dich des Besseren belehren
und kehre die Seele hin zum Herrn
und geh, geh, hinaus in die Welt
wohin Jesus Christ seinen Knecht bestellt.

Und sie blieben im Glauben auch bei Wasser und Brot
teilten Taufe, Bann und sorgenschwere Not,
und aus dem Opfergang führte ihre Flucht
aufs Weltmeer zu Gottes verheißener Bucht.
Zieht einen neuen Menschen an,
in Weisheit zur Freiheit soll singen der Mund,
und zieht, zieht ins neue Kanaan,
der Herr schließt mit euch seinen neuen Bund.

III. Geist des Leidens	Alternativer Aufzug
Knochenmann (Secco-Rez.)	**Feldarzt** – Bleib nur bei deinen Arzeneien, die Säge frißt auch dein Gebein.
Feldarzt (Acc.-Rez. oder Arioso) *Ein schwedisch Lied*	Hast Halberstadt und Hall' quittiert, Thüringens Kreis verlassen, Erfurt hat sich accomodiert, ich zieh durch Pfaffengassen: Das Frankenland ergab sich gern, samt Adel, Bürger, Bauern – die Festung Würzburg wollt' sich wehrn, der Lohn ward ihr gar sauer.
Knochenmann (Secco-Rez.)	**Lehrer** – Du „Meister der Gelehrsamkeit" – wen schert es, was dein Grabstein schreibt.
Lehrer (Acc.-Rez. oder Arioso) Paul Gerhardt, EG 133	Du, Herr, hast selbst in Händen die ganze weite Welt, kannst Menschenherzen wenden, wie es dir wohl gefällt. So gib doch deine Gnad zu Fried- und Liebesbanden, verknüpf in allen Landen, was sich getrennet hat.
Knochenmann (Secco-Rez.)	**Wirtin** – Was schielst du nach der Rebenzeit – der Bittere das Glas dir neigt.
Wirtin (Acc.-Rez. oder Arioso) *Schnitterlied*	Trotz! Tod, komm her, ich fürcht dich nicht, trotz, eil daher in einem Schnitt. Werd ich nur verletzet, so werd ich versetzet in den himmlischen Garten, auf den alle wir warten. Freu dich schöns Blümelein.

III. Geist des Leidens	Alternativer Aufzug
Knochenmann (Secco-Rez.)	**Hauptmann** – Was rühmst du deine Tapferkeit, ins Feuer mach dich marschbereit.
Feldarzt (Acc.-Rez. oder Arioso) *Ein schwedisch Lied*	Viel Volks, das ließ ich niederhaun, tat gute Beute finden. Fourage, Waffen, Munition, ein Schatz, der lag dorthinten. Da wurden meine Söldner froh, das Geld ging weg in Hüten, hey Tilly, was sagst du dazu, mit deinen Jesuiten.
Knochenmann (Secco-Rez.)	**Pfarrer** – Das Lämmlein zogst du von der Weid′… vom Rest der Gottesacker schweigt.
Pfarrer (Acc.-Rez. oder Arioso) Paul Gerhardt, EG 133	Beschirm die Obrigkeiten, bau unsers Fürsten Thron, steh ihm und uns zur Seiten; schmück als mit einer Kron die Alten mit Verstand, mit Frömmigkeit die Jugend, mit Gottesfurcht und Tugend das Volk im ganzen Land.
Knochenmann (Secco-Rez.)	**Hure** – Bei deines Fleisches Käuflichkeit – zum Seitschritt mach die Beine breit.
Hure (Acc.-Rez. oder Arioso) *Schnitterlied*	Was heut noch grün und frisch da steht, wird morgen schon hinweggemäht: Die edlen Narzissen, die Zierden der Wiesen, die schön′ Hyazinthen, die türkischen Winden. Hüte dich schöns Blümelein!

Ein Schwedisch Lied

Von der Flucht und Niderlag
Deß Kayserliche und Ligistischen Generalen,
Graffen Johann von Tilly

Im Thon des 91. Psalm.

Gustavus bin ich hochgeborn,
Ein König des Schwedischen Reiche,
Tylli hat mir den Todt geschworn,
Sein Anhang auch desgleichen:
Tylli mein alter Corporal,
Wie bistu so vermessen,
Bedenck dein Glück und sihe einmal,
Der Schmach will ich nicht vergessen.

All Fürsten und Stätt im Römischen Reich,
Hastu recht cujonieret,
All Länder und Stätt, arm und reich,
Hastu fast auspolieret:
Ich bin der Löw von Mitternacht,
Mit dir will ich frisch fechten,
Ich streite ja durch Gottes Krafft,
Gott helfe dem Gerechten.

Tylli du alter Pfaffenknecht,
du alter Nonnen-Bruder,
Warumb lief so sehr dein Geschlecht
Zu Frankfurt an der Oder?
Stehe mir, bist du ein Held
Und lern den Schweden kennen:
Dann ich bin ein Kriegsmann im Feld,
Nicht wie du zum plündern und brennen.

Sag, was bringst du vor Ruhm davon?
Daß du Magdeburg gewonnen,
Pfuy, ewig ist dirs Spott und Hohn,
Du bist mir auß Forcht entronnen:
Tylli du werest doch ein Hanrey,
Die Magd ist dir nicht nütze,
Ich rath dir, deines gleichen frey
Ein alte Kloster Pfütze.

Tylli du Ligischer General,
Wo seine nun deine Thaten:
Viel Schlachten ohne Feind uberall,
Vor Werben wolt dirs nicht gerathen.
Das macht du hast ein Jungfraw geschwächt,
Ihre Brüder und Schwestern erstochen,
Ihre Städte verbrandt, darumb geschicht dir recht,
Unschuld muß sein gerochen.

Tilly du hast dich hoch vermessen,
In Leipzig wolstu sie kleiden,
In Wittenberg halten die Brautmesse,
In Dresden die Hochzeit Frewden.
Das Brautkleid hastu zwar außgenommen,
Aber Leipzig wolt nicht lang borgen:
Wie ist dirs Churfürsten Confect bekommen,
Dass du assest den andern Morgen.

Wittenberg mustestu wol mit Frieden lahn,
Dreßden wirst du nimmer sehen,
Magstu schon dein grawen Kopff daran,
Dannoch sols nicht geschehen.
Du hast den Leipzigschen Convent verlacht,
Und seine Bundsverwandten,
Die König, Chur Fürsten und Herrn veracht,
So wol auch der Stände Gesandten.

Du hast wollen Papistisch machen,
Lutherum reformiren,
Die Stiffter besetzen mit München und Pfaffen,
Nach den Edict exequiren.
Aber Gott im Himmel lachet dein,
Sein Wort muß ewig bleiben,
Der wird mit allen Abgöttereyen,
Dich und die Deinen außtreiben.

Welches dann Gott Lob geschehen ist,
Zu Leipzig auff dem Plane,
Sechs und dreyssig Stück hastu eingebüßt,
Hundert fünff und vierzig Fahnen.
Deine starcke Armada wurd zerschlagen
Deine Obristen gefangen,
Verlohren seynd alle Bagagiwagen,
Darmit so kontest prangen.

Drey gute Stöß trugstu darvon,
Dein Volk must ins Graß beissen,
Das dancke der Reformation,
Die wolst führen in Meissen.
Werest in deinem Kloster geblieben,
Und hettest Meß gesungen,
So werestu nicht von Leipzig vertrieben,
Die Schlacht ist mir gelungen.

Hall und Halberstatt hastu quittiert,
Den Thüringer Kreis verlassen,
Erffurt hat sich mir accomodirt,
Nun bin ich in der Pfaffengassen:
Der Fränkisch Greyß ergab sich gern,
Der Adel, Bürger und Bawer
Das Schloss zu Würzburg wolt sich wehrn,
Der Lohn ward ihm gar sauer.

Ich ließ viel Volcks drauf niderhauen,
Gute Beut thet ich finden,
Viel Proviant, Gewehr und Munition,
Der Schatz der lag dorthinden:
Da wurden meine Soldaten froh.
Das Geld theilen sie mit Hüten,
Holla Tilly, was sagstu darzu,
Mit deinen Jesuiten.

Nun wil ich nach Franckfurt an den Mayn,
In der Pfalz mein Quartir machen,
Fridericum zu Heydelberg setzen ein,
Du wirst darzu nicht lachen:
Tylli du alter böser Feind,
kompstu in meine Hände,
Du must ins Kupffer-Bergwerck hinein,
In Schweden wil ich dich senden.

Amen, das ist, es werde wahr,
Treib auß des Tillys Rotten,
Auff dass Gottes Wort rein und auch klar,
Gelehrt werd an allen Orten:
Und gib mir ferners Glück und Heyl,
Zu Wasser und zu Lande,
Dann ich erwehl das beste Theil,
das Bapstthumb werd zu schanden.

Zum Siege der Schweden und Sachsen
in der Schlacht von Breitenfeld bei Leipzig im Jahre 1631.
Anonymer Verfasser, entstanden um 1632.

Quelle: Emil Weller,
Die Lieder des Dreissigjährigen Krieges, Basel 1858

Sebastian Brant: Das Narrenschiff

XCIX Vom Verfall des Glaubens und des Reiches

Ich bitt' Euch Herren, groß' und kleine,
Bedenkt den Nutzen der Gemeine!
Laßt mir die Narrenkapp' alleine!

Wann ich der Säumniß denk' und Schande,
So man jetzt spürt in allem Lande,
Von Fürsten, Herren, Landen, Städten,
Kein Wunder wär's, wenn mir wollt' treten
Mein Auge ganz der Zähren voll,
Daß man so schmählich sehen soll
Den Christenglauben nehmen ab.
Verzeih man mir, daß ich schon hab'
Die Fürsten auch gesetzet dar!
Wir nehmen leider häufig wahr

Des Christenglaubens Noth und Klage,
Der mindert sich von Tag zu Tage.
Zuvörderst hat der Ketzer Heer
Zerrissen und zerstört ihn sehr;
Danach hat Mohmeds böser Sinn
Noch mehr und mehr verwüstet ihn;
Mit Irrthum den in Schand gebracht,
Der sonst im Orient stark an Macht,
Als gläubig war ganz Asia,
Der Mohren Land und Afrika.
Jetzt haben dort wir gar nichts mehr;
Das schmerzt selbst einen Stein gar sehr,
Daß wir verlorn zu unsrer Schand'
Allein in Asien und Griechenland,
Was man die Großtürkei jetzt nennt,
Das ist dem Glauben abgetrennt;
Da sind die sieben Kirchen gewesen,
Davon wir bei Johannes lesen,
Da ist ein so gut Land verloren,
Daß es die Welt wol hätt verschworen.
Zudem noch in Europa ist
Verloren in gar kurzer Frist:
Zwei Kaiserthümer, Städt' desgleichen
Nebst vielem Land und Königreichen:
Constantinopel, Trapezunt,
Die Land sind aller Welt wol kund,
Achaja und Aetolia,
Böotia, Thessalia,
Sammt Thrazia, Macedonia,
Beid' Mysia und Attika,
Auch Tribulos und Scordiscos,
Bastarnas auch und Tauricos
Euböa dazu Nigrapont,
Auch Pera, Kapha und Idront
Ohn' anderen Verlust und Schaden,
Den wir uns sonst schon aufgeladen

In Steier, Kärnten und Kroatia,
Morea und Dalmatia,
In Ungarn und in Windischmark.
Jetzt sind die Türken also stark:
Sie haben nicht das Meer allein,
Die Donau ist auch ihrer Gemein.
Sie brechen ein in alle Lande,
Bisthümer, Kirchen stehn in Schande:
Jetzt greift er an Apulia,
Darnach gar bald Sicilia,
Italia, die stößt daran,
Wie leicht gelangt nach Rom er dann,
Nach Lombardei und wälschem Land!
So ist der Feind uns an der Hand:
Doch möchten schlafend sterben all!
Der Wolf ist wahrlich in dem Stall
Und raubt der heil'gen Kirche Schafe,
Dieweil der Hirte liegt im Schlafe.
Die röm'sche Kirch' vier Schwestern hat
Sammt Patriarchen in der Stadt
Byzantium, Alexandria,
Jerusalem, Antiochia,
Die sind ihr gänzlich jetzt geraubt,
Es geht nun bald auch an das Haupt.
All das ist unsrer Sünden Schuld,
Keins mit dem Andern hat Geduld
Oder leidet mit dessen Schwere,
Jeder wollt', daß sie größer wäre.
Es geschieht uns, wie den Ochsen geschah,
Als ruhig einer zum andern sah,
Bis daß der Wolf sie alle zerrissen.
Da hat auch der Letzte schwitzen müssen.
Es greift jetzt Jeder mit der Hand,
Ob kalt noch sei die Mauer und Wand,
Und denkt nicht, daß er lösche aus
Das Feuer, eh's ihm komm' ins Haus;

Dann kommt zu spät ihm Reu' und Leid.
Zwietracht und Ungehorsamkeit
Zerstört der Christen Glauben und Gut;
Unnütz vergießt man Christenblut.
Niemand bedenkt, wie nah' es ihm sei,
Wähnt noch zu bleiben allweg frei,
Bis das Unglück kommt vor seine Thür:
Dann steckt er erst den Kopf herfür.
Europa's Pforten offen sind:
Es bringt uns Feinde jeder Wind,
Denen scheint nicht Schlaf noch Ruhe gut:
Es dürstet sie nach Christenblut. –
Als Roma unter Königen war,
War es leibeigen lange Jahr';
Zur Freiheit ward es eingeführt,
Als es gemeiner Rath regiert.
Doch als auf Hochfahrt man bedacht,
Auf Reichthum und auf große Macht
Und Bürger wider Bürger stritt,
Dacht' man gemeinen Nutzens nit,
Da mußte Gewalt zum Theil vergahn,
Ward einem Kaiser unterthan,
Mußt' unter solchem Schutz und Schein
An fünfzehnhundert Jahre sein.
O Rom, du bist herabgekommen,
Hast wie das Mondlicht abgenommen,
Wenn's schwindet und ihm Schein gebrist,
So daß jetzt wenig an dir ist.
Wollt' Gott, es wüchs das röm'sche Reich,
Damit es wär dem Mond ganz gleich!
Doch den dünkt nicht, daß er was hab',
Der nicht dem römischen Reich bricht ab.
Es hat der Sarazenen Hand
Das heilige, gelobte Land;
Der Türke hat darnach soviel,
Daß man beim Zählen fänd' kein Ziel.

Viel Städte schufen sich Gewehr,
Und achten keines Kaisers mehr;
Ein jeder Fürst der Gans bricht ab,
Daß er 'ne Feder davon hab';
Darum ist es nicht Wunder groß,
Daß auch das Reich so blutt und bloß.
Man schärft zunächst es Jedem ein,
Daß er nicht fordern soll was sein
Und Jeden lassen in seiner Statt,
Wie er's bisher gebrauchet hat.
Um Gott, ihr Fürsten, sehet an,
Welch Schaden draus entstehen kann,
Wenn so herunter kommt das Reich!
Ein gleiches Schicksal trifft bald Euch!
Ein jedes Ding mehr Stärke hat,
Wenn bei einander fest es staht,
Als wenn es soll zertheilet sein.
Einhelligkeit in der Gemein'
Die Dinge bald aufwachsen macht,
Doch wenn Mißhelligkeit erwacht,
Werden auch große Dinge zerstört.
Der Deutschen Lob war hochgeehrt
Und hat erworben durch solchen Ruhm,
Daß man ihnen gab das Kaiserthum.
Aber die Deutschen verwandten Fleiß
Zu vernichten des eignen Reiches Preis.
Damit das Gestüte Zerstörung hab',
Bissen die Pferde die Schweife sich ab.
Jetzt auf den Füßen wahrlich ist
Der Cerastes und Basilist.
Gar Mancher wird vergiften sich,
Wer Gift dem Reich beut heimelich.
Aber ihr Herren, Könige, Lande
Wollt nicht gestatten solche Schande!
Wollet dem römischen Reich beistehn,
Dann mag das Schiff noch aufrecht gehn!

Ihr habt fürwahr einen König mild,
Der Euch wohl führt mit Ritterschild,
Der zwingen kann all Land gemein,
Wenn Ihr ihm helfen wollt allein:
Der edle Fürst Maximilian
Die römische Krone wohl gewann,
Dem kommt ohn' Zweifel in die Hand
Die heil'ge Erd', das gelobte Land,
Er würd' beginnen jeden Tag,
Wenn er Euch nur vertrauen mag.
Werft von Euch darum Schmach und Spott:
Denn kleinen Heeres waltet Gott.
Wiewol verlor viel unsre Hand,
Sind doch noch soviel Christenland',
Und König, Fürsten, Adel, Gemein',
Sie mögen gewinnen wol allein
Und zwingen bald die ganze Welt,
Wenn man nur fest zusammenhält,
Treu', Fried' und Liebe gebrauchen thut,
Ich hoff zu Gott, dann wird es gut!
Ihr seid Regierer doch der Lande,
So wacht und thut von Euch die Schande,
Daß man Euch nicht dem Schiffsmann gleicht,
Den auf dem Meer der Schlaf beschleicht,
Wann er das Ungewitter sieht;
Oder dem Hunde, der stumm flieht;
Oder dem Wächter, der nicht wacht
Und auf die Hut hat keine Acht.
Steht auf, erwacht aus Euerm Traum!
Die Axt liegt wahrlich an dem Baum!
Ach Gott, gib unsern Häuptern ein,
Daß sie begehrn die Ehre dein
Und nicht, was ihnen nütz' allein!
Dann will ich ohne Sorgen sein,
Du gebst uns Sieg' in kurzen Tagen,
Darob wir ewig Lob dir sagen!

Ich mahn' die Ständ' der ganzen Welt,
Wie ihre Würde auch bestellt,
Daß sie nicht thun wie Schiffersleut',
Die uneins sind und haben Streit.
Wann sie sind mitten auf dem Meer
In Sturm und Ungewitter schwer,
Und eh sie werden eins der Fahrt,
Stößt schon ihr Schiff zu Grunde hart.
Wer Ohren hat, der merk' und höre!
Das Schifflein schwanket auf dem Meere!
Wenn Christus jetzt nicht selber wacht,
Wird bald es werden um uns Nacht.
Drum Ihr, die einst nach Euerm Stand
Hat auserwählet Gottes Hand,
Daß Ihr sollt stehen an der Spitze,
Gebt Acht, daß Schmach nicht auf Euch sitze!
Thut, was Euch ziemt nach Euerm Grade,
Damit nicht größer werd' der Schade
Und Sonn' und Mond verlier' den Glanz
Und Haupt und Glieder schwinden ganz:
Es läßt sich recht besorglich an! –
Leb' ich, – ich mahn' noch manchen dran,
Und wer nicht an mein Wort mag denken,
Dem will die Narrenkapp' ich schenken!

Quelle:
Brant, Sebastian: Das Narrenschiff.
Ausgabe: Leipzig 1877, S. 186-192